2892

CONSIDERATIONS

POLITIQUES

SUR LES

COUPS D'ESTAT.

Par Gabriel Naudé, Parisien.

M DC LXVII.

AU LECTEUR.

CE livre n'ayant esté composé que pour la satis-faction d'un particulier, on n'en fit impri-mer que 12 exemplaires, qui n'ont paru que dans fort peu de Cabinets où ils ont toujours tenu le pre-mier rang entre les pieces curieuses; mais comme le hazard m'en a donné une copie, j'ay cru que je n'obligerois pas peu le public en luy donnant un thre-sor qui n'estoit possedé que de fort peu de personnes; cela joint au merite de l'auteur & à celuy de l'ou-vrage, à qui on faisoit tort de ne les pas faire con-noistre, m'ont obligé à le mettre sous la presse, & à inserer à la fin de chaque page la traduction Fran-çoise des citations Greques, Latines & Italiennes qui sont dans le corps du livre, afin de faire connoistre le merite de l'œuvre à plus de personnes, & donner au livre la seule perfection qui sembloit y manquer; ceux qui le liront admireront ce Traité & me sçau-ront bon gré de leur avoir fait part d'une piece si rare. Adieu.

CE livre n'a pas esté composé pour plaire à tout le monde, si l'Auteur en euft eu le deffein, il ne l'auroit pas écrit du ftile de Montagne & de Charon, dont il fçait bien que beaucoup de perfonnes fe rebuttent à caufe du grand nombre des citations Latines. Mais comme il ne s'eft mis à le faire que par obeïffance, il a efté obligé de coucher fur le papier les mêmes difcours, & de rapporter les mêmes autoritez dont il s'eftoit fervy en parlant à fon Eminence. Auffi n'eft-ce pas pour rendre cet ouvrage public qu'il a efté mis fous la preffe; elle n'a roulé que par le commandement, & pour la fatisfaction de ce grand Prelat, qui n'a fes lectures agreables que dans la facilité des livres imprimez : Et qui pour cette caufe a voulu faire tirer une *douzaine d'exemplaires* de celuy-cy, au lieu des copies manufcrites qu'il en faudroit faire. Je fçay bien que ce nombre eft trop petit pour permettre que ce livre foit veu d'autant de perfonnes que le Prince de Balzac & le Miniftre de Sillion. Mais comme les chofes qu'il traitte font beaucoup plus importantes, il eft auffi fort à propos qu'elles ne foient pas fi communes. Et en un mot l'Auteur n'a eu autre but que la fatisfaction de fon Eminence, tant pour compofer, que pour publier cet ouvrage.

* 2   A L'Au-

A L'AUTEUR.

L'Un s'émerveillera de vous voir en jeunesse
Déja tout posseder, ce que l'antiquité,
Se travaillant sans fin dans son infinité,
A peine a sçeu tirer des Tresors de sagesse.

Un autre admirera l'heroïque hardiesse,
Dont voulant rétablir icy la liberté,
Vous combatés si bien contre la faussté,
Même dedans la place où elle est la Maitresse.

Bref, dans vostre discours chacun admirera
Une diversité des merveilles qu'il a;
Mais voicy celle-là qu'entre autres j'ay trouvée:

C'est que sçachant si bien le naturel des Grands,
Leur maxime & leurs Coups, vous soyez si long-temps
Resté dans une vie innocente & privée.

Jac. Bouchard, à Rome.

A MON·

A MONSEIGNEUR,
L'EMINENTISSIME
CARDINAL
DE BAGNI,

mon tres-bon & tres-honoré
Maiſtre.

* *Non equidem hoc ſtudeo , bullatis
ut mihi nugis
Pagina turgeſcat dare pondus idonea
fumo :
Secreti loquimur, tibi nunc, hortante
camœna,
Excutienda damus præcordia.* (Perſ.
Sat. 5.)

MONSEIGNEUR,

Puis que vous eſtes maintenant à Rome, joüiſſant des honneurs

A

* Je n'ay point eſſayé d'enfler mes ouvrages
de ſornettes boufies qui ne font que de la fu-
mée. Je vous parle confidemment , & la muſe
me ſollicite de vous découvrir le fond de mon
ame.

neurs qui fervent de recompenfe à vos merites, & vivant dans
le repos que les fonctions pu-
bliques heureufement exercées
en fept Gouvernemens, une
Vice-legation, & deux Noncia-
tures vous y ont acquis : je n'ay
pas cru pouvoir mieux employer
le loifir duquel voftre bien-veillance & voftre bonté extraordinaire m'y font pareillement
joüir, qu'en vous entretenant des
plus relevées Maximes de la Politique, & de ces grandes affaires d'Eftat, en la conduite defquelles V. E. a tellement fait remarquer fa prudence, que les plus
grands Genies qui gouvernent
prefentement toute l'Europe, en
font demeurez remplis d'étonnement, & n'ont jamais mieux
reüffi aux deliberations & entre-
prifes les plus difficiles, que lors
qu'ils les ont maniées fuivant
les bons & genereux avis qu'il
vous

vous a pleu de leur en donner,
Adeò

     * *Nil deſperandum Teucro duce &*
       auſpice Teucro! (Horat. l. 1.
carm. Ode 7.)

    * Auſſi ne faut-il point deſeſperer , puiſ-
que Teucer marche à la teſte , il ne faut
rien craindre auſſi ſous le bonheur de ſa conduite.

CHAPITRE I.

Objections que l'on peut faire contre
ce diſcours avec les Réponſes
neceſſaires.

MAis à grand peine, M o n-
seigneur , ay-je tracé
les premieres lignes de ce Diſcours, que je me treuve renfermé
entre deux puiſſantes difficultez,
capables à mon avis d'empeſcher
toute autre perſonne qui auroit
moins de courage & d'affection
que moy, de paſſer outre, & de
glacer le ſang des plus échauffez
à la recherche de ces Reſolutions,
       A 2   non

non moins perilleufes que extraordinaires.   Car fi le judicieux
Poëte Horace (*Ode* 1. *lib.* 2.) difoit ingenûment à fon amy Pol-
lio, qui vouloit écrire l'hiftoire
des guerres civiles arrivées de fon
temps,

* *Periculofa plenum opus aleæ*
  Tractas , & incedis per ignes
  Suppofitos cineri dolofo.

Quel bon fuccés peut-on attendre de cette mienne entreprife
beaucoup plus difficile & teme-
raire : veu que pour ne rien dire
du danger qu'il y a de vouloir
déchiffrer les actions des Princes,
& faire voir à nud ce qu'ils s'ef-
forcent tous les jours de voiler
avec mille fortes d'artifices; il y
en a encore deux autres de non
moindre conféquence ; l'un defquels je puis en quelque façon ap-
prehen-

---

* Voftre ouvrage eft perilleux, & vous mar-
chez fur des feux cachés fous une cendre trom-
peufe.

prehender pour ce qui regarde &
touche voſtre perſonne; comme
auſſi rencontrer l'autre en ce qui
concerne la mienne.

Et pour ce qui eſt du premier
je dirois volontiers avec le Poëte
qui a ſi bien traitté la Philoſophie dans ſes beaux vers, qu'il eſt
maintenant le ſeul & unique
ſouſtien de ſa ſecte:

** Illud in his rebus vereor, ne forte
      rearis,*

*Impia te rationis inire elementa,
      viamque*

Indugredi ſceleris. (Lucret. lib. 1.)
Au moins devrois-je craindre à
bon droit de bleſſer les oreilles
de V.E., d'effaroucher ſes yeux,
& de troubler la douceur & facilité de ſa nature, auſſi-bien que
le repos & l'integrité de ſa conſcience, par le recit de tant de

                A 3   four-

_____

* J'apprehende que de ce pas il ne vous
viene en l'eſprit que vous eſtes dans les ele-
mens de l'impieté, & que vous entrez dans la
voie du crime.

fourbes, de tromperies, violen-
ces & autres femblables actions
injuftes (comme elles femblent
de premier abord) & tyranniques,
qu'il me faudra cy-aprés deduire,
expliquer & defendre.

Que fi Enée, l'un des plus re-
folus Capitaines de l'antiquité,
fut tellement émeu de commife-
ration au feul recit qu'il luy falloit faire devant la Reyne de Carthage, du fac & des ruïnes de la
Ville de Troye qu'il ne le put
commencer que par ces paroles :

　* *Quanquam animus meminiffe hor-*
　　ret, luctuque refugit. (Virgil.
Æn. 2.)

Et fi un certain Empereur qui n'a
toutefois pû éviter le furnom de
Cruel, dit un jour au Prevoft, qui
luy faifoit figner la condamnation
de

* Bien que mon ame ait horreur de s'en
fouvenir, & qu'elle s'éloigne de tout fon
pouvoir de la feule penfée d'un deuil fi fen-
fible.

de deux pauvres miſerables : [1] *Vti-
nam neſcirem literas* : (Senec. lib. 2.
de clem.) Ne pourriez-vous pas
ſouhaitter avec plus de raiſon de
n'avoir jamais veu ce diſcours;
puis qu'il ne vous doit entretenir
que de ce qui eſt le moins con-
venable à voſtre grande humanité, candeur & bien-veillance ? Et
puis ne ferois-je pas beaucoup
mieux de ſuivre le conſeil de Sa-
lomon, [2] *coram Rege tuo noli videri
ſapiens*, & vivre dans la continuation des eſtudes eſquelles j'ay eſté
nourri dés ma jeuneſſe, que de
paroiſtre devant vous avec ces
conceptions extravagantes, comme Diognotus fit avec les ſiennes
devant Alexandre, pour ſe faire
eſtimer un grand Ingenieur &
Architecte ? veu principalement
que je puis apprehender d'avoir

A 4

pa-

---

[1] Pleût à Dieu que je n'euſſe aucune connoiſſance des lettres. [2] Ne veuille pas faire
le ſage devant ton Roy.

pareille issuë de ce raisonnement,
qu'eut le Grammairien Phormion
de celuy de l'art militaire qu'il
fit devant Annibal, estimé le premier Capitaine de son temps?
[1] *Omnes siquidem videmur nobis sa-
perdæ, festivi, belli, quum simus co-
preæ.* (Varro.)

Et à la verité quand je viens à
considerer le peu de moyens que
j'ay pour me bien acquiter de cette entreprise, qui est la seconde
difficulté, que j'ay presque envie
de ne point passer outre & de m'en
déporter entierement; afin de ne
point encourir la censure que
Phœbus donna en pareille rencontre à son fils dans le Poëte,

[2] *Magna petis, Phaëton, & quæ non
viribus ipsis*

Munera conveniunt. (Ovid. in
Met.) Aussi

___

[1] Veu même qu'il nous semble à tous que
nous sommes sages, plaisans & beaux, quoique
nous ne soyons que des boufons. [2] Tu de-
mandes des choses grandes, Phaëton, & des dons
qui ne sont pas proportionnés à tes forces.

Auſſi fit-il une cheute memorable
pour s'eſtre approché trop prés
du Soleil; & pluſieurs qui n'a-
voient pas moins de temerité
ont ſignalé leur perte par la trop
grande hardieſſe de leur entrepriſe. Et moy qui ſuis encore tout
nouveau en ces exercices,

    * *Enſe velut nudo parmaque in-*
    glorius alba. (Virgil. Æn. 9.)

Oſeray-je bien me meſler de ces
ſacrifices, plus cachez que ceux de
la Déeſſe Eleuſine, ſans y eſtre ini-
tié? Avec quelle aſſeurance pour-
ray-je entrer dans le fond de ces
affaires, penetrer les cabinets des
Grands, paſſer au ſanctuaire où ſe
forment tous ces hardis deſſeins,
ſans avoir eu l'addreſſe & la communication de ceux qui les con-
duiſent? Certes je pardonnerois
volontiers à celuy qui me voyant

         A 5   en

---

* Comme portant une épée à la main avec
une rondache blanche, pour ne m'eſtre point
encore ſignalé dans le peril.

en cette refolution, jugeroit incontinent, que ce feroit violenter la nature, laquelle ne paffe jamais fi promptement d'une extremité à l'autre; ou pour en parler plus moderément, que ce feroit avec beaucoup plus de hardieffe que de raifon, vouloir fingler fur les plus hautes mers fans Bouffole, & s'engager dans un labyrinthe de rufes, & de fubtilitez infinies, fans avoir en main le filet de cette fcience pour s'en déveloper avec le fuccés d'une iffuë favorable. Et ce d'autant plus volontiers qu'il n'en eft pas icy, comme de ceux qui envifagent avec beaucoup moins de difficulté le Soleil, qu'ils font plus éloignez de fa face; ou bien comme de ces peintres, dont ceux qui ont la veuë courte, font d'ordinaire les plus excellens Tableaux : mais pluftoft que cette Prudence Politique eft femblable au Prothée, duquel il nous eft
im-

impoſſible d'avoir aucune connoiſſance certaine, qu'aprés eſtre
deſcendus [1] *in ſecreta ſenis*, & avoir
contemplé d'un œil fixe & aſſeuré, tous ſes divers mouvemens,
figures & metamorphoſes, au
moyen deſquelles,

[2] *Fit ſubito ſus horridus, atraque Ti-*
    gris,

Squammoſuſque Draco, & ful-
va cervice Leæna. (Virgil. in
Georg. I V.)

Toutefois comme le jeune Ariſtée
ne fut point détourné par les
grandes difficultez que luy pro-
poſoit Arethuſe, d'entreprendre
ſon voyage, & d'obtenir en ſuite
toute ſorte de contentement: Auſſi
les precedentes n'auront pas plus
de force en mon endroit, & mille
autres davantage ne me pour-
                A 6   roient

---

1 Dans les ſecrets de ce vieillard. 2 Tout
d'un coup il vous preſente l'horreur d'un ſan-
glier, il ſe couvre de la peau noire d'un ty-
gre, des écailles d'un dragon, & du poil roux
d'une lionne.

roient empescher, qu'aprés m'estre
avisé du conseil que donne Pline le jeune, * *tutius per plana, sed*
humilius & depressius iter; frequentior
currentibus quàm reptantibus lapsus;
sed & his non labentibus nulla laus, illis
nonnulla laus etiamsi labantur, je ne
fournisse entierement la carriere
du dessein que je me suis proposé.

C'est pourquoy, MONSEI-
GNEUR, pour répondre aux deux
difficultez que je me suis faites cy-
dessus; & à celle qui regarde V. E.
premierement, il ne faut point ap-
prehender que cette doctrine
heurte tant soit peu vostre pieté,
ou trouble aucunement le repos &
l'integrité de vostre conscience,

com-

* Les chemins unis sont bien plus assurez,
mais aussy plus bas & plus ravalez; ceux
qui courent tombent bien plus souvent que
ceux qui marchent bellement; mais ceux-
cy ne remportent aucune loüange quoi qu'ils
ne tombent pas, au lieu que ceux-là en acquie-
rent en quelque façon encore bien qu'ils tombent.

comme il ſemble de premier a-
bord, que ces trois vers de Lucrece le veüillent perſuader : le Soleil épand ſa lumiere ſur les choſes
les plus viles & abjectes ſans en eſtre
gaſté ou noircy,

    * *Nec quia forte lutum radiis ferit ,*
      eſt ideo ipſe

Fœdus ; non ſordet lumen quum ſor-
dida tangit. (Paling. in Scorp.)
Les Theologiens ne ſont pas moins
religieux pour ſçavoir en quoy
conſiſtent les hereſies ; ny les Medecins moins preud'hommes, pour
connoiſtre la force & la com-
poſition de tous les venins. Les
habitudes de l'entendement ſont
diſtinguées de celles de la volonté, & les premieres appartiennent
aux ſciences, & ſont toujours
loüables, les ſecondes regardent
les actions morales, qui peuvent

        A 7   eſtre

---

* Bien que de ſes rayons il puiſſe toucher
de la boüe, il n'en eſt pas pour cela ſoüillé ; la
lumiere ne ſe ſoüille point quand elle touche
des choſes ſales.

eftre bonnes ou mauvaifes. Tri-
theme & Pererius ont monftré
qu'il eftoit expedient qu'il y euft
des Magiciens, & que l'on fceuft
au vray le moyen d'invoquer les
demons, pour convaincre par l'apparition d'iceux l'incredulité des
Athées: Les foldats vont d'ordinaire aux exercices pour apprendre à
bien manier la picque, & à tirer
du moufquet; afin de pouvoir
avec plus d'artifice & d'induftrie,
tuër les hommes & détruire leurs
femblables : mais ils ne s'en fervent
neanmoins que contre les ennemis de leur Prince, ou de la patrie :
Les meilleurs Chirurgiens n'eftudient autre chofe qu'à pouvoir
dextrement couper bras & jambes, & ce pour le falut des malades,
* *Truncantur & artus,*
Vt liceat reliquis fecurum degere
membris. (Claud. 2. in Eutrop.)
Pour-

---

* On coupe certains membres, afin de garan-
tir les autres par le retranchement de ceux-là.

Pourquoy doncque ſera-t-il defendu à un grand Politique, de
ſçavoir hauſſer ou baiſſer, produire ou reſſerrer, condamner ou ab-
ſoudre, faire vivre ou mourir,
ceux qu'il jugera expedient de
traitter de la ſorte, pour le bien &
le repos de ſon Eſtat.

Beaucoup tiennent que le Prince bien ſage & aviſé, doït non
ſeulement commander ſelon les
loix; mais encore aux loix même
ſi la neceſſité le requiert. Pour
garder juſtice aux choſes grandes,
dit Charon, il faut quelquefois
s'en détourner aux choſes petites, & pour faire droit en gros,
il eſt permis de faire tort en détail.

Que ſi l'on m'objecte qu'il n'eſt
pas toutefois à propos de diſcourir de ces choſes, & que c'eſt proprement mettre * *gladium ancipi-
tem*

* Une épée à deux tranchans entre les
mains d'un fol.

tem in manu ſtulti, que de les enſei-
gner ; je répondray à cela, que les
méchans peuvent abuſer de tout ce
qu'il y a de meilleur en ce monde, & faire comme les mouches
baſtardes & frelons, qui conver-
tiſſent les plus belles fleurs en a-
mertume : Les Heretiques trouvent les fondemens de leur impieté dans la Sainte Ecriture : Les
Paracelſiſtes abuſent du texte
d'Hippocrate pour établir leurs
ſonges : Les Avocats citent le
Code & les Pandectes, pour defendre les plus coupables ; & neanmoins l'on n'a jamais ſongé à ſup-
primer ces Livres: l'épée peut auſſi-
toſt offenſer que defendre, le vin
auſſi-toſt enyvrer que nourir, les
remedes auſſi-toſt tuër que guerir ; & perſonne toutefois n'a encore dit que leur uſage ne fuſt
tres-neceſſaire. C'eſt une loy commune à toutes les choſes, qu'eſtant
inſtituées à bonne fin, l'on en a-
buſe

bufe bien fouvent : la Nature ne
produit pas les venins pour fervir
aux poifons, & à faire mourir les
hommes, parce qu'en ce faifant elle
fe détruiroit elle-même : mais c'eft
noftre propre malice qui les con-
vertit en cet ufage, * *Terra quidem*
nobis malorum remedium genuit, nos
illud vitæ fecimus venenum. (Plin. lib.
18. cap. 1.)

Mais il faut encore paffer outre, & dire que la malice & la de-
pravation des hommes eft fi grande, & les moyens defquels ils fe
fervent pour venir à bout de leurs
deffeins fi hardis & dangereux,
que de vouloir parler de la Politique fuivant qu'elle fe traitte &
exerce aujourd'huy, fans rien dire
de ces Coups d'Eftat, c'eft proprement ignorer la Pedie, & le
moyen qu'enfeigne Ariftote dans
fes

* La terre nous a bien produit des remedes pour foulager nos maux ; mais nous les
avons convertis en poifon pour nous ofter la
vie.

ſes Analytiques, pour parler de toutes choſes à propos, & ſuivant les principes & demonſtrations qui leur ſont propres & eſſentielles, *1 eſt enim pædiæ inſcitia neſcire, quorum oporteat quærere demonſtrationem, quorum verò non oporteat* : comme il dit en ſa Metaphyſique. C'eſt pourquoy Lipſe & Charon, bien qu'ils ne fuſſent pas des Timons & Myſantropes, ont voulu traitter de cette partie, pour ne point laiſſer leurs ouvrages imparfaits : Et le même Ariſtote qui n'avoit pas accouſtumé de rien faire *2 ἀπαιδεύτως*, lors qu'il a traitté de la Politique & des gouvernemens oppoſez à la Monarchie, Ariſtocratie & Democratie, qui ſont la tyrannie, l'olygarchie & l'ochlocratie, il donne auſſi-bien les preceptes de ces trois vicieux que des

---

1 Car c'eſt ignorer la pedie, que de ne ſçavoir pas de quelles choſes il faut ou ne faut pas chercher la demonſtration.   2 Sans en eſtre bien informé.

des legitimes. En quoy il a esté sui-
vi par Saint Thomas en ses Com-
mentaires, où aprés avoir blasmé
& dissuadé par toutes raisons pos-
sibles la domination tyrannique,
il donne neanmoins les avis & les
regles communes pour l'établir,
au cas que quelqu'un soit si méchant que de le vouloir faire. Et
qu'ainsi ne soit, voila ses propres
mots tirez du Commentaire sur le
cinquiéme des Politiques texte XI.
* *Ad salvationem tyrannidis, expedit*
excellentes in potentia vel divitiis interfi-
cere, quia tales per potentiam quam
habent possunt insurgere contra Tyran-
num. Iterum expedit interficere sapien-
tes, tales enim per sapientiam suam pos-
sunt invenire vias ad expellendam ty-
ranni-

* Pour le maintien de la tyrannie, il faut
faire mourir les plus puissans & les plus riches,
parce que de telles gens se peuvent soulever
contre le Tyran par le moyen de l'autorité
qu'ils ont. Il est aussi necessaire de se defaire
des grands esprits & des hommes sçavans, parce qu'ils peuvent trouver, par leur science, le
moyen de ruiner la tyrannie ; il ne faut pas
mê-

rannidem, nec fcholas, nec alias con-
gregationes, per quas contingit vacare
circa fapientiam permittendum eft , fapientes enim ad magna inclinantur , &
ideò magnanimi funt , & tales de facili
infurgunt. Ad falvandam tyrannidem
oportet quod Tyrannus procuret, ut fub-
diti imponant fibi invicem crimina &
turbent fe ipfos , ut amicus amicum, &
populus contra divites , & divites inter
fe diffentiant , fic enim minus poterunt
infurgere propter eorum divifionem :
oportet etiam fubditos facere pauperes,
fic enim minus poterunt infurgere contra

même qu'il y ait des écoles, ni autres con-
gregations par le moyen defquelles on puiffe
apprendre les fciences, car les gens fçavans
ont de l'inclination pour les chofes grandes,
& font par confequent courageux & magnani-
mes, & de tels hommes fe foulevent facilement contre les Tyrans. Pour maintenir la tyrannie, il faut que le Tyran faffe en forte que
fes fujets s'accufent les uns les autres, & fe
troublent eux-mêmes, que l'ami perfecute
l'ami, & qu'il y ait de la diffenfion entre le
menu peuple & les riches, & de la difcorde entre les opulens. Car en ce faifant ils auront
moins de moyen de fe foulever acaufe de leur
di-

tra Tyrannum. Procuranda sunt vecti-
galia, hoc est exactiones multa, magna,
sic enim cito poterunt depauperari sub-
diti. Tyrannus debet procurare bella in-
ter subditos, vel etiam extraneos, ita ut
non possint vacare ad aliquid tractan-
dum contra tyrannum. Regnum salva-
tur per amicos, tyrannus autem ad sal-
vandam tyrannidem non debet confide-
re amicis. Et au texte suivant qui
est le X I I, voila comme il enseigne l'hypocrisie & la simulation:
* *Expedit tyranno ad salvandam ty-*
rannidem, quod non appareat subditis
sævus seu crudelis, nam si appareat sæ-
vus

division. Il faut aussi rendre pauvres les sujets, afin qu'il leur soit d'autant plus difficile de
se soulever contre le Tyran. Il faut établir des
subsides, c'estadire des grandes exactions & en
grand nombre, car c'est le moyen de rendre
bientost pauvres les sujets. Le Tyran doit aussi
susciter des guerres parmy ses sujets, & même
parmy les étrangers, afin qu'ils ne puissent negotier aucune chose contre lui. Les Royaumes se maintienent par le moyen des amis,
mais un Tyran ne se doit fier à personne pour
se conserver en la tyrannie.

  * Il ne faut pas qu'un Tyran, pour se maintenir dans la tyrannie, paroisse à ses sujets estre
cruel,

vus reddit fe odiofum; ex hoc autem fa-
cilius infurgunt in eum : fed debet fe red-
dere reverendum propter excellentiam
alicujus boni excellentis, reverentia enim
debetur bono excellenti ; & fi non habeat
bonum illud excellens , debet fimulare fe
habere illud. Tyrannus debet fe reddere
talem, ut videatur fubditis ipfos excellere
in aliquo bono excellenti, in quo ipfi defi-
ciunt, ex quo eum revereantur. Si non
habeat virtutes fccundum veritatem, fa-
ciat ut opinentur ipfum habere eas.

Voila certes des preceptes bien
eftranges en la bouche d'un Saint,
& qui ne different en rien de ceux
de Machiavel & de Cardan , mais
qui fe peuvent toutefois fauver par
ces

cruel , car s'il leur paroît tel il fe rend odieux,
ce qui les peut plus facilement faire foulever
contre lui : mais il fe doit rendre venerable
pour l'excellence de quelque eminente vertu,
car on doit toute forte de refpeÆ à la vertu ; &
s'il n'a pas cette qualité excellente il doit faire femblant qu'il la poffede. Le Tyran fe doit
rendre tel, qu'il femble à fes fujets qu'il poffede quelque eminente vertu qui leur manque,
& pour laquelle ils lui portent refpeÆ. S'il n'a
point de vertus en effet ; qu'il faffe en forte
qu'ils croient qu'il en ait.

ces deux raisons assez probables &
legitimes. La premiere est, que
ces maximes estant ainsi declarées
& éventées, les sujets peuvent plus
facilement reconnoistre quand les
deportemens de leurs Princes ten-
dent à établir une Domination
Tyrannique; & consequemment
y donner ordre : tout de même
que les mariniers se peuvent plus
facilement retirer à l'abry, lors
qu'ils ont preveu l'orage & la
tempeste, par les signes que les
routiers & pilotages leur en four-
nissent. La seconde, parce qu'un
Tyran qui veut sans conseil & a-
vis establir sa domination,

    * *Cuncta ferit, dum cuncta timet*
      graffatur in omnes,
Vt se posse putent. (Claudian.)
& ressemble quelquefois au loup,
lequel estant entré dans la berge-
                   rie,

---

* Frape tout & n'épargne personne, &
quand il craint le plus, c'est pour lors qu'il at-
taque tout le monde, afin qu'on croie qu'il est
bien puissant.

rie, & pouvant fe raffafier & appaifer fa faim fur une feule brebis,
ne laiffe pourtant d'égorger toutes les autres; où au contraire s'il
y procede avec jugement, & fuivant les preceptes de ceux qui fout
plus avifez & moins paffionnez
que luy, il fe contentera peut-eftre
d'abatre comme Tarquin les teftes
des pavots plus élevez, ou comme Thrafibule & Periandre les
efprits qui paroiffent par deffus
les autres; & ainfi le mal qui ne fe
peut éviter fe rendra beaucoup
plus doux & fupportable.

D'ailleurs il ne faut pas craindre que le narré de tous ces tragi-
ques accidens puiffe offenfer les
oreilles de V. E. ou troubler tant
foit peu la douceur & facilité de
voftre nature. L'entiere connoiffance que vous vous eftes acquife
des affaires Politiques, la longue
pratique & experience que vous
avez de la Cour des plus grands
Mo-

Monarques, où ces Machiavel-
lifmes font affez frequens, ne
permettent pas que l'on vous prenne pour apprenty à les connoiftre.
Et puis, encore que la juftice, & la
clemence foient deux vertus bien
fortables à un grand homme; il
n'eft pas toutefois à propos qu'il
ait pareille inclination à la miferi-
corde: Seneque en donne cette
raifon, en fon traitté de la Clemence, (lib. 2. c. 5.) * *Quemadmo-
dum*, dit-il, *Religio deos colit, fuper-
ftitio violat, clementiam manfuetudi-
nemque omnes boni præftabunt, miferi-
cordiam autem vitabunt; eft enim vi-
tium pufilli animi ad fpeciem alienorum
malorum fubfidentis.* Or ce feroit un
crime de penfer qu'il y eût rien en
V. E. de vil, rempant & abject,

B dau-

---

* Ainfy comme la religion revere les Dieux,
& que la fuperftition les offenfe, tous les gens
de bien embrafferont la clemence & la douceur; mais ils éviteront la compaffion. Car
c'eft une marque d'un cœur bas, & d'un efprit
foible, de fe laiffer toucher aux maux que l'on
voit fouffrir aux autres.

dau tant que s'il est vray, comme dit le même, que [1] *nihil æque hominem quàm magnus animus decet*; avec combien plus de raison, cet esprit fort se doit-il rencontrer en V. E. pour accompagner dignement, & rehausser cette grande dignité qu'elle souftient, non seulement de Prince de l'Eglise, mais encore de principal conseiller de sa Sainteté, & quasi de tous les plus puissans Princes d'Europe; [2] *Magnam enim fortunam magnus animus decet, qui nisi se ad illam extulit, & altior stetit; illam quoque infra terram deducit*; au moins fait-il qu'elle en est administrée avec beaucoup moins d'autorité & de reputation. Ainsi voyons nous dans les histoires que le Roy Epiphanes, pour avoir méprisé sa dignité, & ne s'estre pas gou-

---

1 Qu'il n'y a rien qui soit si bienseant à un homme qu'un grand courage. 2 Car pour ménager une grande fortune il faut un grand esprit, & tel que s'il ne s'est élevé jusques à elle & ne s'est placé au dessus, il la renverse & la met plus bas que la terre.

gouverné en Roy, fut surnommé l'Insensé: & que Ramire d'Arragon, qui n'avoit quitté toutes les façons de faire des Moines, en sortant du Convent pour prendre la Couronne, fut grandement mocqué & méprisé de tous ses Courtisans. Nostre temps même nous fournit les exemples d'un Roy de la grande Bretagne, lequel * *è stato schernito & beffeggiato per haver voluto comporre libri & fare del letterato*; (Tassoni lib. 7. cap. 4.) & de Henry III, tant chanté & remarqué dans nos Histoires modernes, lequel pour avoir vescu parmy les Moines, & dans un excés de devotion mal reglée, abandonnant son Sceptre & le Gouvernement de son Estat, donna sujet au Pape Sixte V, de dire: *Ce bon Roy fait tout ce qu'il peut pour estre Moine, & moy j'ay fait*

B 2   *tout*

---

* A esté méprisé & mocqué pour avoir voulu composer des livres,. & faire l'homme de lettres.

tout ce que j'ay pû pour ne l'eſtre point.
Et pour ce un des meilleurs a-
vis que donna jamais Monſieur de
Villeroy à Henry le Grand, qui
avoit veſcu en ſoldat & carrabin
pendant les guerres qui ſe firent
à ſon advenement à la Couronne,
fut, lors qu'il luy dit, *qu'un Prin-*
ce qui n'eſtoit pas jaloux des reſpects de
ſa Majeſté, en permettoit l'offenſe &
le mépris.   Que les Roys ſes predeceſ-
ſeurs dans les plus grandes confuſions
avoient toujours fait les Roys : qu'il
eſtoit temps qu'il parlaſt, écriviſt &
commandaſt en Roy. Mais à quoy
bon chercher des exemples chez
les Princes étrangers, puis que
l'hiſtoire de ceux qui ont gouverné la Ville où ſe treuve à preſent V. E. nous repreſente deux
Souverains Pontifes, qui pour n'a-
voir accompagné cette grandeur
de leur dignité ſupreme avec celle de l'eſprit, ſervent encore de
fables & de ſujet de médiſance, &
de

de rifée à la pofterité : la grande
pieté & religion qu'ils portoient
empreinte fur leur face n'ayant pas
eu le pouvoir d'empefcher, que
Maffon ne dit du premier, qui
fut Celeftin cinquiéme, [1] *Vir fuit
fimplex, nec eruditus, & qui humana
negotia ne capere quidem poffet.* (in
Epifcop. Rom.) Et Paul Jove du
fecond, en parlant d'une certaine
forte de poiffon, qui eftoit beaucoup encherie pendant fon Pon-
tificat : [2] *Merluceo plebeio admodum
pifci, Hadrianus fextus ficut: in Republica adminiftranda hebetis ingenii, vel
depravati judicii, ita in efculentis in-
fulfiffimi guftus, fupra mediocre pre-
tium ridente toto foro Pifcatorio jam fe-
cerat.*

B 3

[1] Ce fut un homme fimple, fans erudition,
& qui ne pouvoir pas même comprendre les
affaires humaines. [2] Adrien fixiême qui
avoit le gouft infipide pour toutes fortes de
viandes auffi-bien que l'efprit hebeté, & le jugement depravé pour l'adminiftration de la
Republique, avoit déja mis un prix exceffif
au Merlus, qui eft un poiffon affés commun,
ce qui attira la rifée de tout le marché aux
poiffons.

sera. (Libr. de piscib. Rom.) En
quoy neanmoins il s'est monstré
beaucoup plus retenu & moderé,
que Pierre Martyr, non l'Heretique de Florence, mais le Proto-
notaire Apostolique natif d'une
petite bourgade du Duché de Milan, lequel avoit dit en parlant
de l'élection de ce même Pape:
* *Cardinalibus hoc loco accidit quod
in fabulis de Pardo ac Leone super Agno
raptando scribitur; fortibus illis strenuè
se dilacerantibus, quodcumque quadru-
pes iners aliud prædæ se dominum fecit.*
De maniere qu'il faut éviter les
grandes charges, ou les administrer
avec une force & generosité d'e-
sprit si relevée par dessus le commun, qu'elle soit capable de donner
en-

---

* Il arriva en ce rencontre aux Cardinaux
ce que la fable raconte du Leopard & du Lion
sur l'enlevement d'un agneau; que pendant
que ces deux genereux animaux se déchi-
roient en disputant vaillamment à qui auroit
la proye, une autre beste à quatre pieds, des
plus brutes & lâches, s'en rendit la maitresse.

envie à la Fortune de la ſeconder,
& favoriſer en toutes ſes entrepriſes: la Maxime eſtant tres-aſſeurée,
que quiconque apporte ce principe
& fondement, qu'il faut bien ſouvent avoir de la nature (1 *bona e-*
nim mens, nec emitur, nec comparatur,
dit Seneque) à la conduite de ſon
bonheur, il ne peut manquer d'eſtre le propre ouvrier & createur de
ſa fortune; 2 *Sapiens pol ipſe fingit For-*
tunam ſibi. (Plaut.in Trinum.) Alexandre ſe propoſe-t-il, quoyque
jeune & tres-mal fourny d'argent
& de ſoldats, de ſubjuguer les Perſes, & de paſſer juſques aux Indes, il en vient à bout. Ceſar en-
treprend-il de gouverner ſeul cette
grande Republique qui comman-
doit à toutes les autres, il en treuve le moyen. Deux Paſtres Romulus & Tammerlan ont-ils vo-

B 4   lonté

---

1 Car on ne peut acheter l'eſprit, ni l'acquerir par aucune autre voie. 2 En verité
l'homme ſage ſe fabrique ſa fortune lui-même.

lonté de fonder deux puiſſans
Empires, ils l'executent ; Mahomet ſe veut-il faire de Marchand
Prophete, & de Prophete Souverain d'une troiſiéme partie du
Monde, il luy reüſſit : Et quel
penſez-vous, MONSEIGNEUR,
avoir eſté le principal reſſort qui a
cauſé tous ces merveilleux effets,
nul autre en verité, ſinon celuy
que Juvenal nous enſeigne de toujours mettre & placer entre les premiers de nos ſouhaits avec ſon * *for-
tem poſſe animum.* (Satyr. 10.) Or de
vouloir maintenant ſpecifier quelles ſont les parties qui baſtiſſent, &
compoſent ce fort eſprit, ce ſeroit
vouloir enchaſſer un diſcours dans
un autre, & faire comme Montaigne, qui ſuit pluſtoſt les caprices
de ſa phantaiſie, que les titres de ſes
Eſſais. Il ſuffit pour le preſent de
dire, que l'une des premieres &
plus

* Demandés un fort eſprit qui ſoit gueri
des craintes de la mort.

plus neceffaires pieces, eft de penfer
fouvent à ce dire de Seneque : [1] *O
quam contempta res eft homo, nifi fupra
humana fe erexerit* : (In prooem. nat.
quæft.) C'eft à dire, s'il n'envifage
d'un œil ferme & affeuré, & quafi
comme eftant fur le dongeon de
quelque haute tour, tout ce Monde, fe le prefentant comme un theatre affez mal ordonné, & remply de
beaucoup de confufion, où les uns
jouënt des comedies, les autres des
tragedies, & où il luy eft permis
d'intervenir [2] *tanquam Deus aliquis ex
machina*, toutes fois & quantes qu'il
en aura la volonté, ou que les diverfes occafions luy pourront perfuader de ce faire. Que fi par avan-
ture, MONSEIGNEUR, il vous
femble extraordinaire, & hors de
faifon de mon âge, & peut-eftre
auffi de la bien-feance de ma con-

B 5 dition,

1 O que l'homme eft une chofe méprifable,
s'il ne s'éleve au deffus des chofes humaines. 2 Comme quelque divinité qui fort
d'une machine.

dition ; que je me faſſe ſi reſolu en
ces matieres fort chatoüilleuſes &
delicates d'elles-mêmes, & beaucoup plus encore en la bouche
d'un jeune homme, lequel eſt appellé par Horace, (de Arte Poët.)
[1] *Vtilium tardus proviſor* , & n'a pas
accouſtumé de s'adonner à des
eſtudes ſi ſerieuſes & importantes,

    [2] *Quæque decent longa decoctam*
      ætate ſenectam.

Je puis premierement répondre à
V. E. que l'âge auquel je me treuve, n'eſt aucunement diſpropor-
tionné à la matiere & au ſujet que
je traitte. Le Poëte qui a le premier proferé ces deux beaux vers,

    [3] *Optima quæque dies miſeris mor-*
      talibus ævi
    Prima fugit, ſubeunt morbi triſtiſque
      ſenectus. (Virgil. 3. Georg.)

                    paſſe-

---

[1] Negligent aux choſes qui lui ſont utiles.
[2] Et qui convienent à la vieilleſſe conſumée
dans l'âge.   [3] Le meilleur de nos jours paſſe
& fuit le premier: les maux marchent enſuite
& la triſte veilleſſe.

passeroit à un besoin pour garend
& caution de mon dire, puisqu'il
luy donne une si belle epithete; sur
lequel Seneque voulant glosser à
sa mode, * *Quare optima?* dit-il,
quia juvenes possumus facilem animum,
& adhuc tractabilem ad meliora con-
vertere; quia hoc tempus idoneum est
laboribus, idoneum agitandis per studia
ingeniis. (Epist. 108.) Et si beaucoup de personnes ont executé
plusieurs belles entreprises, auparavant la fleur de leur âge; pourquoy me fera-t-il defendu de les
suivre de loin, & de produire si-
non des actions genereuses & relevées, au moins quelques fortes
& hardies conceptions? Veu principalement que je me suis toujours efforcé d'acquerir certaines
B 6   dispo-

* Pourquoy le meilleur? pource que nous
pouvons beaucoup apprendre en nostre jeunesse, & faire tourner nostre ame encore facile & traitable du costé de la vertu; parce
que ce temps-là est le plus propre à supporter
la peine, à exercer l'esprit dans l'estude & le
corps dans le travail.

difpofitions d'efprit, qui ne m'y
doivent pas eftre maintenant inutiles. Car il eft vray que j'ay cul-
tivé les Mufes fans les trop caref-
fer; & me fuis affez plû aux eftu-
des fans trop m'y engager : j'ay
paffé par la Philofophie Scholafti-
que fans devenir Eriftique, & par
celle des plus vieux & modernes
fans me partialifer,

    * *Nullius addictus jurare in verba*
      magiftri.

Seneque m'a plus fervi qu'Ariftote; Plutarque que Platon : Juvenal & Horace qu'Homére & Virgile : Montaigne & Charon que
tous les precedens. Je n'ay pas eu
la pratique du Monde, pour découvrir par effet les rufes & méchancetez qui s'y commettent,
mais j'en ay toutefois veu une
grande partie dans les Hiftoires,
Satyres & Tragedies. Le Pedan-
tifme

---

* Ne m'eftant point obligé par ferment, de
fuivre l'opinion d'aucun maiftre.

tiſme a bien pû gagner quelque
choſe pendant ſept ou huit ans
que j'ay demeuré dans les Colleges, ſur mon corps & façons
de faire exterieures, mais je me
puis vanter aſſeurément qu'il n'a
rien empieté ſur mon eſprit. La
Nature, Dieu mercy, ne luy a pas
eſté maraſtre, elle luy a donné
une bonne baſe & fondement, la
lecture de divers Auteurs l'a
beaucoup aidé, mais celle du Livre de S. Anthoine luy a fourny ce qu'il a de meilleur. En
ſuite dequoy je ne croy pas
que V. E. puiſſe treuver mauvais qu'eſtant tout plein de zele & de bonne affection à ſon
ſervice, j'employe ces penſées
qui me ſont particulieres, pour
honneſtement le divertir: ſans
avoir deſſein de rencontrer quelque Agamemnon, lequel me diſe
comme à ce jeune homme de Pe-
trone qui venoit faire une longue

declamation , * *Adolefcens, quoniam*
fermonem habes non publici faporis , &
quod rariffimum eft amas bonam men-
tem , non fraudabere arte fecreta:
(Init. Satyr.) Et je n'eftime pas
aufli de manquer d'occafion pour
faire valoir mon petit talent dans la
vie contemplative , à laquelle j'ay
voüé & deftiné tout le refte de
la mienne , fans me vouloir empefcher & empeftrer dans l'acti-
ve , finon autant que le fervice de
V. E. à laquelle j'ay fait le premier vœu d'obeïr, m'y pourroit
engager.

Refte doncques maintenant à
voir , fi je n'outrepaffe point les
bornes de ma capacité, en voulant traitter de ces chofes autant
éloignées femble-t-il de ma connoiffance, que le jour l'eft de la
nuit;

---

* Jeune homme , parce que vos difcours
ont un agrément particulier , & que vous avez
de la paffion pour les bons efprits , ce qui eft
tres-rare, vous ne manquerés pas d'avoir de ta-
lens particuliers.

nuit; qui est la derniere difficulté que je me suis proposé cy-dessus de resoudre. Et à cela je pour-
rois répondre brievement, que
la difficulté seroit bientost vuidée,
si l'on en vouloit passer par cet
arrest de Seneque, [1] *Paucis ad bonam mentem opus est literis.* Mais
pour en specifier quelque chose
davantage, j'avoüe ingenûment
que je n'ay point tant de presom-
ption, & de bonne opinion de
moy-même que de penser gagner
le prix en cette course, où je suis
encore tout nouveau. Neanmoins
puis que suivant le dire du Poëte,
(Horat. 1. Ep. 1.)

> [2] *Est aliquid prodire tenus, si non da-*
> *tur ultra;*

je feray quelque petit effort, &
marcheray jusques à ce que je sois
las ou hors du droit chemin, alors
je me reposeray, & attandray
quel-

---

* Un bon esprit n'a pas besoin de beaucoup
de lettres.   2 C'est toujours faire quelque
progrés, si on ne peut pas passer outre.

quelque nouvelle connoiſſance
ou inſtruction pour paſſer plus
outre. Le bon homme Aratus qui
n'entendoit pas grand' choſe en
l'Aſtrologie, fit toutefois un beau
Livre de ſes Phenomenes; Celſe
qui n'eſtoit que pur Grammairien, a nonobſtant compoſé un
livre de grande importance en
Medecine: Dioſcoride eſtoit ſoldat, Macer Senateur, & tous deux
ont fort bien écrit des plantes;
Hippodamus même de ſimple architecte & maſſon devint grand
Politique, & auteur d'une Republique mentionnée par Ariſtote.
Auſſi j'ay toujours eſté de cette
opinion, que quiconque a tant
ſoit peu de naturel & d'acquis par
les eſtudes, il peut inferer & deduire de cinq ou ſix bons principes, toutes ſortes de conclu-
ſions, comme Pline dit, que les
Peintres anciens faiſoient leurs
plus belles pieces par le meſlange
de

de quatre ou cinq ſortes de couleurs ſeulement. On peut auſſi
ajouſter, que les ſciences ſemblent eſtre comme enchainées,
& cadenacées les unes avec les autres, & avoir une telle correſpon-
dance, que qui en poſſede une,
poſſede auſſi toutes celles qui luy
ſont ſubalternes. Et de plus que
le ſiecle où nous ſommes, ſemble beaucoup favoriſer ce deſſein,
puis que l'on peut à peu prés ſçavoir & découvrir tous les plus
grands ſecrets des Monarchies,
les intrigues des cours, les cabales des factieux, les pretextes & motifs particuliers, & en un mot,
* *quid Rex in aurem Regina dixerit,*
Quid Iuno fabulata fit cum Iove,
(Plaut.) par le moyen de tant de
relations, memoires, diſcours, in-
ſtructions, libelles, manifeſtes,
paſquins, & ſemblables pieces ſe-
crettes,

---

* Ce que le Roy a dit en ſecret à la Reine,
& les diſcours que Junon a tenus à Jupiter.

crettes, qui fortent tous les jours
en lumiere, & qui font en effet
capables de mieux & plus facilement former, dégourdir, &
deniaifer les efprits, que toutes les
actions qui fe pratiquent ordinairement és Cours des Princes, dont
nous ne pouvons qu'à grand' peine connoiftre l'importance, faute d'avoir penetré dans leurs caufes, & divers mouvemens. Bref
pour finir en peu de mots ce qui
concerne le particulier de ma perfonne;

   * *Quod Cato, quod Curius fanctiffi-*
     ma nomina quondam
   Senferunt, non quid vulgus, plebfque
     infcia dicat,
   Mente agito, atque mihi propono
     exempla bonorum. (Paling. in
Tauro.)

                       ll

---

* Je ne penfe point à ce que pourra dire le
vulgaire, & la populace ignorante, mais je
medite fur les fentimens qu'ont eu jadis Caton & Curius, dont les noms font en grande
veneration, & me propofe toujours l'exemple
des gens de bien.

Il eſt bien vray que ce deſſein
eſtant un des plus relevez que
l'on puiſſe choiſir en toute la Politique, il en ſera d'autant plus difficile; mais auſſi me fait-il eſperer
que la fin en ſera plus glorieuſe;
pour moy je me ſuis toujours plû
de dire avec Properce,

*   *Magnum inter aſcendo, ſed dat mi-*
    hi gloria vires;

    Non juvat ex facili lecta corona
    jugo.

Et au pire aller, aux choſes grandes l'oſer eſt honorable, aux pe-
rilleuſes l'entrepriſe eſt hardie, aux
hautes & relevées, la cheute glorieuſe; aux grandes mers ſi la rou-
te n'eſt heureuſe, le naufrage eſt
celebre: J'ébauche, un autre ache-
vera; j'ouvre la lyce, un autre tou-
chera le but; je ſonne la trom-
                                    pette,

---

* J'entreprens quelque choſe de grand &
qui ſurpaſſe ma portée, mais la gloire que
i'eſpere y acquerir me donne des forces pour le
faire; je n'aime point les couronnes qu'on remporte ſans peine.

Pette, un autre gagnera le prix, il y a affez de perfonnes en ce monde qui ne peuvent marcher que fur les chemins tracez par ceux qui les ont precedé ; le nombre des efprits, qui travaillent tous les jours à imiter les autres eft affez grand, fans que je captive encore le mien fous cet efclavage : & puis que tous les Auteurs qui traittent de la Politique, ne mettent point de fin à leurs difcours ordinaires de la Réligion, Juftice, Clemence, Liberalité, & autres femblables vertus du Prince, ou du Miniftre, il vaut mieux que je m'écarte un peu, pour n'eftre atteint de cette contagion, ny envelopé d'une telle foule ; & que pour n'arriver des derniers, je paffe par un nouveau chemin, qui ne foit point frequenté par le * *fervum pecus* d'Horace, ny entrecou-

---

* Les efclaves, ou gens de baffe condition.

trecoupé de ces grands Fangears
& Marais relentis, où il y a si long-
temps que

[1] *Veterem in limo Rana cecinere que-
relam.*

Or entre tous les points de la Politique, je ne voy pas qu'il y en
ait un moins agité & moins re-
batu, ny pareillement plus digne
de l'estre que celuy des secrets,
ou pour mieux dire des Coups
d'Estat, car ce qu'en a dit Clapmarius en son traitté [2] *de Arcanis Imperiorum*, ne peut fournir une exception valable, puis que n'ayant
pas seulement conceu ce que si-
gnifioit le titre de son livre, il n'y
a parlé que de ce que les autres
Ecrivains avoient déja dit & repeté
mille fois auparavant, touchant les
regles generales de l'administration des Estats & Empires. Et dautant que cette matiere est si nouvelle,

---

[1] Les grenouilles ont chanté leurs vieilles
plaintes dans la bouë. [2] Des secrets des Empires.

velle, & relevée par deſſus les communs ſentimens des Politiques,
qu'elle n'a preſque encore eſté
effleurée par aucun d'eux, comme
l'a remarqué Bodin au ſixiéme de
ſa Methode en ces mots : * *Mul-*
ti multa graviter & copiosè de ferendis
moribus, de ſanandis populis, de Prin-
cipe inſtituendo, de legibus ſtabiliendis,
leviter tamen de ſtatu, nihil de conver-
ſionibus Imperiorum, & iis quæ Ari-
ſtoteles Principum σοφίσματα, *ſeu*
κρύφια, *Tacitus Imperii Arcana vo-*
cat, ne attigerunt quidem : Je marcheray toujours la bride en main,
& apporteray toute la precaution,
modeſtie, & retenuë poſſible, pour
aſſaiſonner & temperer ces diſcours, deſquels on peut encore
mieux

---

* Pluſieurs ont traité au fond & fort amplement de l'établiſſement des mœurs, de la
gueriſon des peuples, de l'inſtitution des Princes, & de l'affermiſſement des loix ; mais ils
ont paſſé fort legerement ſur les affaires d'Eſtat,
& n'ont rien dit des revolutions des Empires,
& de ce qu'Ariſtote appelle ſophiſmes ou ſecrets des Princes; & Tacite, ſecrets de l'Empire.

mieux dire, que Platon ne faisoit
de ceux de Theologie, ἔτοι γε οἱ λό-
γοι χαλεποί, * *difficiles & cum discri-*
mine hi sermones. (Libr. de Repub.)
Cardan & Campanelle font passer
pour un precepte d'importance, que pour bien traitter, ou
presenter quelque sujet, il en faut
concevoir une parfaite idée, & y
transmuer, s'il est possible, tout son
esprit, & toute son imagination;
d'où l'on voit souvent arriver, que
ceux des Comediens qui sont
le mieux pourveus de cette facul-
té imaginative joüent aussi toujours mieux leurs personnages.
L'on dit en France, que Dubar-
tas auparavant que de faire cette
belle description du Cheval où il
a si bien rencontré, s'enfermoit
quelquefois dans une chambre,
& se mettant à quatre pattes souf-
floit, hennissoit, gambadoit, tiroit

des

---

* Ces discours sont fort difficiles & dangereux.

des ruades, alloit l'amble, le trot,
le galot, à courbette, & taſchoit
par toutes ſortes de moyens à bien
contrefaire le Cheval. Agrippa
même avoüe, que lors qu'il voulut compoſer ſa declamation contre les ſciences, il s'imagina d'eſtre
comme un Chien qui abayoit à
toutes ſortes de perſonnes; & lors
qu'il voulut écrire de la Pyro-
technie, ou des feux d'artifice, il
ſe perſuadoit d'eſtre changé en un
Dragon, qui ſouffloit le feu, &
le ſouphre par la gueule, les yeux,
les oreilles & les narines. Pour
moy lors que je traitteray ou écri-
ray de quelque ſujet abſolument
bon & profitable, je ſeray bien-
aiſe de me ſervir de ces imagina-
tions; mais en cette matiere qui
eſt ſi panchante vers l'injuſtice,
je ne m'imagineray jamais d'eſtre
quelque Neron, ou Buſiris, pour
mieux treuver les moyens de perdre & d'exterminer le genre hu-
main.

main. Ce me sera assez de ne pas
encourir le blasme & la censure,
que Neron donnoit aux Politiques & Conseillers de son temps,
* *quod tanquam in Platonis Republica,
non tanquam in Romuli sace senten-
tiam dicerent.* Et si je sçavois que
le peu que j'en diray pust causer
quelque abus & desordre plus
grand que celuy qui est aujour-
d'huy en pratique entre les Princes, je jetterois tout maintenant
la plume & le papier dans le feu, &
ferois vœu d'eternel silence, pour
ne me point acquerir la loüange
d'un homme fin & rusé dans les
speculations Politiques, en per-
dant celle d'homme de bien, de
laquelle seule je veux faire capital ; & me vanter tout le reste de
ma vie.

C CHA-

---

* Qu'ils donnoient leur avis ou opinoient
comme s'ils estoient dans la Republique de
Platon, & non parmy la populace abjecte &
basse de Romulus.

CHAPITRE II.

Quels font proprement les Coups d'Eftat,
& de combien de fortes.

MAis pour ne pas demeurer
toujours en ces prefaces, &
parler enfin du fujet pour lequel
elles font faites, ce grand homme
Jufte Lipfe traitant en fes Politiques de la prudence, il la definit
en peu de mots, *un choix & triage*
des chofes qui font à fuir, ou à defi-
rer; & aprés en avoir amplement
difcouru comme on la prend d'ordinaire dans les Ecoles, c'eft à
dire pour une vertu morale, qui
n'a pour objet que la confideration du bien; il vient en fuite à
parler d'une autre prudence, laquelle ii appelle meflée, parce
qu'elle n'eft pas fi pure, fi faine
& entiere que la precedente; par-
ticipant un peu des fraudes & des
ftratagemes qui s'exercent ordinairement

rement dans les Cours des Princes,
& au maniement des plus importantes affaires du Gouvernement :
Aussi s'efforce-t-il de monstrer
par son eloquence, que telle sorte
de Prudence doit estre estimée
honneste, & qu'elle peut estre
pratiquée comme legitime, &
permise. Aprés quoy il la definit
assez judicieusement, * *Argutum*
consilium à virtute, aut legibus devium,
Regni Regisque bono; & de là passant
à ses especes & differences, il en
constitue trois principales : la premiere desquelles, que l'on peut
appeller une fraude ou tromperie legere, fort petite, & de nulle
consideration, comprend sous soy
la défiance, & la dissimulation ; la
seconde qui retient encore quelque chose de la vertu, moins toutefois que la precedente, a pour

C 2

ses

____

* Un conseil fin & artificieux qui s'écarte
un peu des loix & de la vertu, pour le bien du
Roy & du Royaume.

fes parties, * *conciliationem & dece-
ptionem*, c'eſt à dire le moyen de
s'acquerir l'amitié & le ſervice des
uns, & de leurer, decevoir, &
tromper les autres, par fauſſes
promeſſes, menſonges, preſens &
autres biais, & moyens, s'il faut
ainſi dire, de contrebande, &
plutoſt neceſſaires que permis ou
honneſtes. Quant à la derniere,
il dit qu'elle s'éloigne totalement
de la vertu & des loix, ſe plon-
geant bien avant dans la malice, &
que les deux baſes, & fondemens
plus aſſeurez ſont la perfidie &
l'injuſtice.

Il me ſemble toutefois, que
pour chercher particulierement la
nature de ces ſecrets d'Eſtat, &
enfoncer tout d'un coup la pointe
de noſtre diſcours juſques à ce qui
leur eſt propre & eſſentiel, nous
devons conſiderer la *Prudence* comme une vertu morale & politique,

* La conciliation & la deception.

que, laquelle n'a autre but que de
rechercher les divers biais, & les
meilleures & plus faciles inventions de traitter & faire reüſſir
les affaires que l'homme ſe pro-
poſe. D'où il s'enſuit pareillement
que comme ces affaires & divers
moyens ne peuvent eſtre que de
deux ſortes, les uns faciles & ordinaires, les autres extraordinaires, faſcheux & difficiles ; auſſi ne
doit-on établir que deux ſortes
de prudence : la premiere ordinaire & facile, qui chemine ſuivant le train commun ſans exce-
der les loix & couſtumes du païs :
la ſeconde extraordinaire, plus ri-
goureuſe, ſevere & difficile. La
premiere comprend toutes les parties de prudence, deſquelles les
Philoſophes ont accouſtumé de
parler en leurs traittez moraux,
& outre plus ces trois premieres
mentionées cy-deſſus, & que Juſte
Lipſe attribue ſeulement à la pru-

C 3   dence.

dence meſlée & frauduleuſe. Parce que, à dire vray, ſi on conſidere bien leur nature & la neceſſité
qu'ont les Politiques de s'en ſervir, on ne peut à bon droit ſou-
pçonner qu'elles ſoient injuſtes, vi-
cieuſes ou deshonneſtes. Ce que
pour mieux comprendre, il faut
ſçavoir comme dit Charon, (Lib.
3. c. 2.) que la juſtice, vertu
& probité du Souverain, chemine un peu autrement que celle des particuliers; elle a ſes al-
leures plus larges & plus libres à
cauſe de la grande, peſante & dan-
gereuſe charge qu'il porte, c'eſt
pourquoy il luy convient marcher d'un pas qui peut ſembler
aux autres detraqué & déreglé,
mais qui luy eſt neceſſaire, loyal,
& legitime; il luy faut quelquefois eſquiver & gauchir, meſler
la prudence avec la juſtice, &
comme l'on dit, * *cum vulpe jun-*
Etum

* Renarder, ou uſer de fineſſe, avec le renard.

ctum vulpinarier : C'eſt en quoy conſiſte la *pedie* de bien gouverner. Les Agens, Nonces, Ambaſſadeurs, Legats ſont envoyez, & pour épier les actions des Princes étrangers, & pour diſſimuler, couvrir, & déguiſer celles de leurs Maiſtres. Louys XI, le plus ſage & aviſé de nos Roys, tenoit pour Maxime principale de ſon Gouvernement, que [1] *qui neſcit diſſimulare neſcit regnare;* & l'Empereur Tibere, [2] *nullam ex virtutibus ſuis magis quàm diſſimulationem diligebat.* Ne voit-on pas que la plus grande vertu qui regne aujourd'huy en Cour, eſt de ſe défier de tout le monde, & diſſimuler avec un chacun, puis que les ſimples & ouverts, ne ſont en nulle façon propres à ce meſtier de gouverner, & trahiſſent bien

C 4　　ſou-

[1] Qui ne ſçait pas diſſimuler ne ſçait pas auſſi regner.　[2] De toutes les vertus qu'il poſſedoit il n'y en avoit point qu'il aimaſt plus que la diſſimulation.

fouvent eux & leur Eftat. Or non
feulement ces deux parties de fe
défier & diffimuler à propos, qui
confiftent en l'omiffion, font neceffaires aux Princes; mais il eft
encore fouventefois requis de paffer outre, & de venir à l'action &
commiffion, comme par exemple
de gagner quelque avantage, ou
venir à bout de fon deffein par
moyens couverts, equivoques, &
fubtilitez; affiner par belles paroles, lettres, ambaffades; faifant
& obtenant par fubtils moyens,
ce que la difficulté du temps &
des affaires empefche de pouvoir
autrement obtenir; * *& fi rectà
portum tenere nequeas, idipfum mu-
tata velificatione affequi.* (Cicero
lib. 11. ad Lentul.) Il eft pareillement befoin de faire & dreffer
des pratiques & intelligences fecretes, attirer finement les cœurs

&

* Et fi on ne peut aller tout droit au port,
y arriver en louvoyant & en changeant de
cours.

& affections des Officiers, serviteurs, & confidens des autres Princes & Seigneurs étrangers, ou de ses propres sujets; ce que Ciceron appelle au premier des Offices, * *conciliare sibi animos hominum & ad usus suos adjungere.* A quoy faire doncques établir une prudence particuliere & meslée, de laquelle ces actions dépendent particulierement, comme fait Juste Lipse, puis qu'elles se peuvent rapporter à l'ordinaire, & que telles ruses sont tous les jours enseignées par les Politiques, inserées dans leurs raisonnemens, persuadées par les Ministres, & pratiquées sans aucun soupçon d'injustice, comme estant les principales regles & maximes pour bien policer & administrer les Estats & Empires. Aussi ne meritent-elles d'estre appellées secrets

C 5. de

___

* S'acquerir les cœurs des hommes, & les employer à son usage.

de Gouvernement, Coups d'Eſtat,
& * *Arcana Imperiorum* , comme
celles qui pour eſtre compriſes
ſous cette derniere ſorte de prudence extraordinaire, qui donne
le branle aux affaires plus faſcheuſes & difficiles , meritent particulierement & privativement à
toutes autres, d'eſtre appellées *Arcana Imperiorum* , puis que c'eſt
le ſeul titre que non ſeulement
moy , mais tous les bons Auteurs
qui ont écrit auparavant moy leur
ont donné.

Et en cela certainement nous
pouvons remarquer la faute de
beaucoup de Politiques , & principalement de Clapmarius , lequel
voulant faire un gros Livre de
Arcanis Imperiorum , & les redui-
re ſous quelques preceptes generaux , il dit premierement, que
les ſecrets d'Eſtat ne ſont rien autre choſe que les divers moyens,

rai-

* Secrets des Empires.

raiſons & conſeils deſquels les Princes ſe ſervent pour maintenir leur Autorité, & l'eſtat du public, ſans toutefois tranſgreſſer le droit commun, ou donner aucun ſoupçon de fraude & d'injuſtice. Ce qu'ayant preſuppoſé comme bien étably & veritable, il les diviſe en deux ſortes, & dit que les premiers ſe doivent appeller ſecrets d'Empire, ou de Republiques, leſquels à raiſon des trois ſortes de Gouvernemens il ſubdiviſe encore en ſix autres manieres, dautant, par exemple, que l'Eſtat Monarchique doit avoir de certains moyens & raiſons particulieres pour ſe donner de garde d'eſtre commandé par pluſieurs qui le reduiroient en Ariſtocratie; d'autres pour obvier au Gouvernement d'une populace & ne ſe changer en Democratiques: & ainſi ces deux derniers doivent faire en ſorte de ne point

C 6   de-

devenir Monarchiques, ou de ne
point tomber en quelque autre
forme de Gouvernement qui leur
foit oppofé. Les feconds font ceux
qu'il nomme & qualifie du titre
de fecret de domination, lefquels
ceux qui commandent font obli-
gez de pratiquer pour fe conferver
en leur autorité foit Monarchique,
populaire ou Ariftocratique. Ce
qu'il confirme par une curieufe
enumeration de tous ces moyens,
fuivant qu'il les a pû remarquer
dedans Tite Live, Salufte, Amar-
cellin, & beaucoup d'Auteurs,
lefquels femblent demeurer tous
d'accord de la fignification de ces
mots, de la même façon que Clapmarius s'en eft fervy en tout fon
livre. Or cela me feroit aucunement redouter l'indignation de
tous ces grands perfonnages, fi je
m'emancipois fans leur avoir demandé permiffion, de leur dire
qu'ufurpant ce mot de fecrets
d'Eftat,

d'Eſtat, ſelon qu'il a eſté expoſé
cy-deſſus, ils ſemblent s'éloigner
de ſa ſignification, & ne pas bien
comprendre la nature de la choſe;
eſtant certain que ces dictions Lati-
tines, [1] *ſecretum* & *arcanum*, deſquels ils ſe ſervent pour l'exprimer,
ne doivent point eſtre attribuez
aux preceptes & maximes d'une
ſcience, laquelle eſt commune,
entenduë & pratiquée par un chacun : mais ſeulement à ce que
pour quelque raiſon ne doit eſtre
ny connu ny divulgué, parce que
ſuivant que remarque le Poëte
Marbodæus,

   [2] *Non ſecreta manent, quorum fit*
      conſcia turba. (Libr. de Gem.)
Auſſi apprenons nous des Gram-
mairiens, que ce mot [3] *d'arcanum*,
peut eſtre derivé ab [4] *arce*, ſoit
comme eſt d'avis Feſtus Pom-
      C 7   peius,

---

1 Secret & caché. 2 Les choſes qu'on communique à pluſieurs perſonnes, ne demeurent
pas ſecretes. 3 Secret. 4 Fortereſſe.

peius , que les Augures euffent
couftume d'y faire un certain fa-
crifice , qu'ils vouloient éloigner
de la connoiffance du peuple , ou
parce que toutes chofes fecretes
& de confequence font mieux gar-
dées [1] *in arce*, qu'en autre lieu.
Ceux qui le tirent [2] *ab arca* femblent auffi ne fe pas éloigner de
la même opinion , & les bons Auteurs ne fe font jamais fervis de ces
deux mots qu'en pareille fignification. Virgile,

> [3] *Longius & volvens fatorum arca-*
> *na movebo.* (Æneid. 1.)

& en un autre lieu :

> [4] *Te colere , arcanos etiam tibi cre-*
> *dere fenfus.*

Horace,

> [5] *Secretumque teges & vino tortus*
> *& irâ.*

Et

[1] Dans une fortereffe. [2] Coffre. [3] Et je
vous raconteray plus au long le fecret des fatalités. [4] T'honorer & te confier les plus fecretes penfées & paffions de mon cœur. [5] Le
vin ni la colere ne te doivent pas faire reveler
le fecret qu'on t'aura confié.

Et pour finir par celle de Lucain, n'a-t-il pas dit en parlant de la source du Nil, qui estoit totalement inconnuë aux Egyptiens mêmes,

   * *Arcanum natura caput non protulit ulli,*

   Nec licuit populis parvum te Nile videre,

   Amovitque sinus, & Gentes maluit ortus

   Mirari quam nosse tuos.

Je remarqueray toutefois comme en passant, que l'on peut tirer un beau parallele entre ce fleuve du Nil & les secrets d'Estat. Car tout ainsi que les peuples plus voisins de sa source en tiroient mille commoditez sans avoir aucune connoissance de son origi-

---

* La nature n'a découvert à personne ta source, ô Nil, & il n'y a point de peuple qui ait pû te voir en ton commencement : elle a éloigné tes replis, & a mieux aimé faire admirer ton origine aux nations, que de la leur faire connoître.

origine ; ainfi faut-il que les peuples admirent les heureux effets de
ces Coups de Maiftre fans pourtant rien connoiftre de leurs caufes & divers refforts. Or aprés
avoir monftré que ces Ecrivains
ont corrompu les mots , nous
pouvons encore dire qu'ils ont
pareillement depravé la nature de
la chofe, veu qu'ils nous propo-
fent des preceptes generaux & des
maximes univerfelles, fondées fur
la juftice & droit de Souveraineté,
& par confequent permifes & pratiquées tous les jours, au veu &
fceu de tout le monde; lefquels
neanmoins ils eftiment eftre des
fecrets d'Eftat. Auffi ne prenoient-
ils pas garde qu'il y a une grande difference entre ceux-là, &
ceux dont nous voulons parler;
puis que un chacun eft fait fça-
vant, & rendu capable des premiers, pour fi peu d'eftude qu'il
veüille faire dans les Auteurs qui
en

en ont traitté ; où au contraire
ceux dont il eſt maintenant queſtion, naiſſent dans les plus reti-
rez cabinets des Princes, & ne
ſe traittent ny deliberent en plein
Senat, ou au milieu d'une Cour
de Parlement ; mais entre deux ou
trois des plus aviſez & plus con-
ſidens Miniſtres qu'ait un Prince. Et en effet, nous voyons
qu'Auguſte, lors qu'il eut deſſein,
aprés avoir gagné la bataille
Actiaque, & appaiſé les guerres
civiles & étrangeres, de quitter
le titre d'Empereur, & de rendre
la liberté à ſa patrie ; il n'en com-
muniqua pas au Senat, quoy qu'il
l'euſt augmenté de ſix cens Senateurs ; ny à ſon Conſeil particulier, qui eſtoit compoſé de vingt
perſonnes les plus doctes & judi-
cieuſes qu'il avoit pû choiſir ;
mais il propoſa & remit toute cette affaire au jugement de ſes deux
principaux Amis, Miniſtres, &
Con-

Confidens, Mecenas & Agrippa, ¹ *quibuſcum Imperii arcana communicare ſolebat*, dit Dion. (Libr. 53.) Et ſi nous voulons remonter juſques à ce grand homme qui luy avoit reſigné ſa fortune entre les mains, Jules Ceſar ; nous trouverons dans Suetone ² *in Iulio*, qu'il n'avoit que Quintus Pædius, & Cornelius Balbus, avec leſquels il communiquoit τὰ μυσικάτατα, c'eſt à dire ce qu'il avoit de plus ſecret & caché dans l'ame. Les Lacedemoniens qui augmenterent beaucoup leur Eſtat aprés la Victoire de Liſandre, établirent bien un conſeil de trente perſonnes pour gouverner les affaires de leur Republique, mais non contens de ce, ils choiſirent douze des plus judicieux & aviſez de leurs Citoyens, pour eſtre comme les Oracles qui devoient par leur réponſe

---

¹ Auxquels il avoit accouſtumé de communiquer les ſecrets de l'Empire. ² Sur Julius.

fe conclure les Coups d'Eftat.
Les Venitiens font aujourd'huy
de même avec leurs fix Procureurs
de Saint Marc ; & il n'y a aucun Souverain tant foible foit-il
& de peu de confideration, qui
foit fi mal avifé , que de remettre
au jugement du public ce qui à
peine demeure affez fecret dans
l'oreille d'un Miniftre ou Favo-
ri. C'eft ce qui a fait dire à Caffio-
dore, [1] *Arduum nimis eft Principis me-*
ruiffe fecretum , (Libr. 8. Epift. 10.)
& en un autre lieu, où il parle d'un
Confeiller fecret de Theodoric,
[2] *Tecum pacis certa, tecum belli dubia*
conferebat, & quod apud fapientes Re-
ges fingulare munus eft, ille follicitus ad
omnia, tecum pectoris pandebat arca-
na. (Lib. 8. Epift. 9.) Euft-il pas
fait

1 C'eft par trop difficile d'avoir merité
d'eftre introduit dans le fecret du Prince. 2 Il
conferoit avec toy des chofes certaines de la
paix & des douteufes de la guerre, &,ce qui eft
une faveur finguliere d'un Roy fage & prudent,
comme il avoit foin de tout , il te reveloit les
plus fecretes penfées de fon cœur.

fait beau voir, que Charles IX
euft deliberé de faire la Saint Barthelemy avec tous les Confeillers
de fon Parlement, & que Henry III euft conclu la mort de
Meffieurs de Guife au milieu de
fon Confeil ? Je croy certes qu'ils
y euffent auffi-bien reüffi, comme à vouloir prendre les lievres
au fon du tambour, ou les oifeaux
avec des fonnettes. Et de plus je
demanderois volontiers à ces Meffieurs, fi tant eft qu'ils appellent
les regles communes de regir &
gouverner les Royaumes, 1 *Arcana Imperiorum,* quel nom ils pourront donner à ces fecrets meflez
d'un peu de feverité, & fujets à
la prudence extraordinaïre, defquels nous venons maintenant de
parler. Car de les appeller comme
fait Clapmarius aprés Tacite, 2 *Flagitia Imperiorum,* c'eft pluftoft remarquer

1 Les fecrets des Empires. 2 Fourberies des
Empires.

marquer ceux qui ſont faits en
conſideration d'un bien particulier, & par quelque Tyran, que
beaucoup d'autres qui ſe font
pour l'intereſt public, & avec
toute l'equité que l'on peut apporter en ces grandes entrepriſes,
qui toutefois ne peuvent jamais
eſtre ſi bien circonſtanciées, qu'elles ne ſoient toujours accompagnées de quelque eſpece d'injuſtice, & ſujettes par conſequent au
blaſme & à la calomnie.

Ces mots eſtant ainſi expli-
quez, il nous faut paſſer à la nature de la choſe qu'ils ſignifient:
Or pour la bien penetrer & comprendre, il eſt beſoin d'en tirer
la recherche de plus haut, &
monſtrer comme en la Monaſtique ou gouvernement d'un ſeul,
& en l'œconomie ou adminiſtration d'une famille, qui ſont les
deux pivots de la Politique, il y a
de certaines ruſes, détours, &
ſtrata-

ftratagemes, defquels beaucoup fe
font fervis, & fe fervent encore
tous les jours pour venir à bout
de leurs pretenfions. Charon en
fon livre de la Sageffe, Cardan en
fes œuvres intitulées [1] *Proxeneta,*
de utilitate capienda ex adverfis, & de
fapientia; Machiavel en fes difcours
fur T. Live, & en fon Prince, en
ont donné affez amplement les
preceptes. Pour moy ce me fera affez d'en rapporter quelques exemples; aprés avoir toutefois obfervé
qu'encore que Jufte Lipfe (Civil.
doctr. lib. 4. c. 13.) ait dit du dernier, [2] *Ab illo facile obtinebimus, nec*
maculonem Italum tam diftrictè da-
mnandum (qui mifera qua non manu
hodie vapulat), & effe quandam, ut vir
fan-

----

[1] Le Courtier, ou moyenneur, du profit qu'on peut tirer des infortunes, & de la
fageffe.   [2] Nous obtiendrons facilement de
luy, que ce brouillon d'Italien n'eft pas tant
à blâmer, quoy que les plus chetifs fe mêlent
de le condamner aujourd'huy; & qu'il y a de
certaines rufes loüables & honneftes, comme
dit le faint homme.

ſanctus ait, καλὴν ἠ ἐπαινετὴν πανɤϱ-
γίαν, *honeſtam atque laudabilem cal-
liditatem,* (Baſil. in Proverb.) &
que Gaſpar Schioppius ait fait un
petit livre en ſa defenſe ; on luy
peut neanmoins ſçavoir mauvais
gré, de ce que

* *Floribus Auſtrum*
*Perditus, & liquidis immiſit fontibus
Apros.* (Virg. Bucol. Ecl. 2.)
Ayant le premier franchi le pas,
rompu la glace, & profané, s'il
faut ainſi dire, par ſes écrits, ce
dont les plus judicieux ſe ſer-
voient comme de moyens tres-ca-
chez & puiſſans pour faire mieux
reüſſir leurs entrepriſes. Auſſi ferois-je conſcience d'ajouſter quelque choſe à ce qu'il en a dit, ſi
les ſuſnommez & beaucoup d'autres Politiques ne m'avoient de-
vancé, & donné quand & quand
ſujet

---

* Il a malheureuſement jetté un vent furieux dans les fleurs, & des ſangliers dans les
fontaines pour en troubler les clairs ruiſſeaux.

fujet de dire en cette matiere, ce
que Juvenal difoit de la Poëfie.

* *Stulta eft clementia, cum tot ubi-*
que
Vatibus occurras, peritura parcere
charta. (Satyr. 1.)

Or entre les fecrets de la Monafti-
que, je ne penfe pas qu'il y en
ait de plus relevez, eu égard à
leur fin, que ceux qui ont efté
pratiquez par certaines perfonnes,
qui pour fe diftinguer du refte
des hommes, ont voulu établir
parmy eux quelque opinion de
leur divinité. Ainfi voyons nous
que Salmonée avoit fait élever
un pont d'airain, fur lequel faifant
rouler fon carroffe attelé de puiffans chevaux, & dardant d'un
cofté & d'autre des feux d'artifice, il s'imaginoit de bien contrefaire le foudre & les tonnerres de
Ju-

---

* C'eft une fotte clemence d'épargner le
papier periffable, puis que tu te rencontres fi
fouvent en tant de lieux parmy les poëtes.

Jupiter, d'où le Poëte a pris occasion de dire,

> * *Vidi & crudeles dantem Salmonea*
>   *pœnas,*
>
> *Dum flammas Iovis, & sonitus imi-*
>   *tatur Olympi.* (Virg. Æn. 6.)

Psaphon, qui n'estoit pas moins
ambitieux que le precedent, nour-
rissoit grande quantité de Pies,
Merles, Jais, Perroquets & autres
oiseaux semblables, & aprés leur
avoir bien appris à prononcer ces
paroles, *Psaphon est Dieu*, il les mettoit en liberté, afin que ceux qui
entendoient tant & de si extraordinaires témoins de sa divinité,
fussent plus facilement portez à la
croire. Ainsi Heraclides le Ponti-
que avoit commandé à un de ses
plus affidez serviteurs, de cacher
sous ses vestemens aprés qu'il seroit
decedé, une grande Couleuvre,

D   qu'il

---

* J'y vis aussi Salmonée qui soufroit d'étranges peines pour avoir imité les flammes de Jupiter Olympien, & pour avoir contrefait le
bruit de ses foudres.

qu'il nourriffoit dés long-temps auparavant à ce deffein, afin que cet animal éveillé par le bruit que l'on feroit, portant fon corps en terre, s'élançaft au milieu des pleureurs, & donnaft fujet à la populace de croire, que Heraclite avoit efté deïfié. Pour Empedocle il y proceda avec plus de courage & de generofité, comme il eftoit bien-feant à un Philofophe; car eftant affez âgé & comblé de gloire & d'honneur, il fe precipita volontairement dans les foufpiraux & volcans du mont Ætna en Sicile, pour faire croire fon raviffement au Ciel, ne plus ne moins que Romulus établit l'opinion du fien, en fe noyant dans les Marefts des Chevres,

> * *Deus immortalis haberi*
> *Dum cupit Empedocles, ardentem frigidus AEthnam*
> *Infiluit.* (Horat. de arte Poët.)

Les

* Empedocle, voulant qu'on le tinft pour un Dieu immortel, fe jetta froidement dans les flammes du mont Ætna.

Les Athées|, qui trouvent à gloſſer
ſur tous les paſſages de la ſainte
Ecriture, tiennent que celuy-cy
du Deuteronome, (cap. 34.) * *non
cognovit homo ſepulchrum ejus uſ-
que in præſentem Diem*, ſe doit entendre de la même ſorte, & que
Moyſe s'enſevelit en quelque preci-
pice ou abyſme, pour eſtre puis
aprés élevé dans les cieux par les
Iſraëlites; au lieu qu'ils devroient
plûtoſt croire, & demeurer d'accord avec les Chreſtiens, qu'il ca-
cha veritablement ſon corps, pour
empeſcher les Juifs de l'idolatrer
aprés ſa mort, connoiſſant fort
bien qu'ils eſtoient portez non
moins de leur naturel, que par la
hantiſe qu'ils avoient eu avec les
Egyptiens, à adorer tous ceux deſquels ils avoient receu quelque
bien, ou de qui ils croyoient que
la vertu eſtoit ſinguliere & extra-

D 2 ordi-

* L'homme n'a point connu ſon ſepulchre
juſques à ce jourd'huy.

ordinaire. L'on peut faire encore
le même jugement de ce que Diogenes Laërce rapporte de la Cuiſſe
d'or de Pythagore, puis que Plutarque en la vie de Numa dit ouvertement que ce fut une feinte
& ſtratageme de ce Philoſophe,
pour établir auſſi-bien que les autres l'opinion de ſa divinité. Mais
ce que fit Hercules fut beaucoup
plus ingenieux; car eſtant fort
verſé en Aſtrologie, témoin les
Fables de ſa vie qui luy font porter le Ciel avec Atlas, il choiſit
juſtement l'heure & le temps de
l'apparition d'une grande Come-
te, pour ſe mettre ſur le bucher
ardant, où il vouloit finir ſes jours,
afin que ce nouveau feu du Ciel
aſſiſtaſt comme témoin, & fiſt
croire de luy ce que les Romains
par aprés vouloient perſuader de
leurs Empereurs, au moyen de
l'aigle qui s'envoloit du milieu
des flammes, comme pour porter
l'ame

l'ame du defunct entre les bras
de Jupiter. Beaucoup d'autres,
qui eftoient plus modeftes & retenus en leurs defleins, fe font contentez de nous donner à connoiftre le foin que les Dieux prenoient
de leurs perfonnes, par la conti-
nuelle affiftance de quelque Genie, ou particuliere divinité; comme firent entre les Anciens So-
crate, Plotin, Porphyre, Brutus,
Sylla, & Apollonius, pour ne rien
dire de tous les Legiflateurs; &
parmy les modernes Pic de la Mi-
randole, Cecco d'Afcoli, Her-
molaus, Savanarole, Niphus, Poftel, Cardan, & Campanelle, qui
fe vantent tous d'en avoir eu &
de leur avoir parlé, fans toutefois qu'on les puiffe accufer d'avoir
pratiqué les ceremonies Theur-
giques, du livre fauffement attri-
bué à Virgile * *de videndo Genio*;
ou les mentionnées par Arbatel

D 3

dars

* Du moyen de voir les Genies.

dans e ne ſçay quel fatras de ſemblables Livres, que l'or a grand
tort de publier ſous le nom d'A-
grippa. Auſſi pour moy j'aime-
rois beaucoup mieux établir la
verité de ces Hiſtoires, ſur la mr-
veilleuſe force des contractions
d'eſprit fort bien expliquées par
Marſile Ficin & Jordanus Brunus,
deſquels auſſi Palingenius en trois
ou quatre endroits de ſon Zodia-
que ne ſemble pas ſe beaucoup
éloigner. Si nous n'aimons encore mieux dire que tous ces
Meſſieurs ont joüé de l'impoſtu-
re, & ont voulu imiter les fables
de Numa, Zamolxis, & Minos, ou
pluſtoſt celles que les Rabins &
Cabaliſtes (*Reuchlin. libr. de Caba-
la.*) ont plaiſamment forgées ſur
les Patriarches du Vieil Teſtament,
& nous voulant faire croire de
bonne foy, qu'Adam avoit eſté
gouverné par ſon Ange Raziel,
Sem par Jophiel, Abraham par
Frza-

Frza-d-Kiel, Iſaac par Raphaël,
Jacob par Piel, & Moyſe par Mit-
taron,

[1] *Sed credat Iudæus apella,*
Non ego.

Quoy que c'en ſoit, on peut remarquer dans les Hiſtoriens, que
ces ruſes n'ont pas toujours eſté
inutiles, puis que Scipion les ayant
judicieuſement pratiquées il s'ac-
quit la reputation d'un grand
homme de bien parmy les Romains, & fut envoyé conqueſter
les Eſpagnes n'ayant encore atteint l'âge de xxiv ans ; Mais
voyez auſſi de quelle façon T. Live (Libr. 6.) en parle : [2] *Fuit Scipio*
non tantùm veris artibus mirabilis, ſed

D 4 *arte*

---

[1] Mais que le Juif circoncis le croye, & non
pas moy. [2] Scipion ne ſe faiſoit pas ſeulement admirer par les veritables arts & ſciences
qu'il poſſedoit, mais auſſi par un certain artifice qu'il avoit trouvé & dont il ſe ſervoit fort
utilement à ſe faire paroiſtre ; & faiſoit pluſieurs
choſes devant le peuple ou par le moyen des
viſions qu'il diſoit avoir euës de nuit, ou comme s'il en avoit eſté divinement averti & qu'on
le luy eût inſpiré du ciel.

arte quoque quadam adinventa in
oftentationem compofita, pleraque apud
multitudinem, aut per nocturnas vi-
fas fpecies, aut veluti divinitus mente
monita agens. Ainfi en ont fait beaucoup de Princes & particuliers, &
quand leur efprit n'a pas efté capable de ces fineffes & inventions
fi relevées, ils fe font contentez
de donner par quelques autres, le
plus de luftre & de fplendeur à
leurs actions qu'il leur a efté poffible. C'eft pourquoy Tacite a
dit que Vefpafien eftoit, [1] *omnium*
quæ diceret atque ageret arte quadam
oftentator, (Annal. lib. 3.) & Cor-
bulo nous eft repreſenté dans
le même, [2] *fuper experientiam fa-*
pientiamque, etiam fpecie inanium va-
lidus; & ce avec grande raifon,
puis que comme il dit en un autre

---

[1] Fort artificieux à donner du luftre à tout
ce qu'il faifoit & à tout ce qu'il difoit. [2] Confiderable par la belle apparence dont il fçavoit
colorer même les chofes vaines, outre l'experience & la fageffe qu'il avoit.

tre endroit , [1] *Principibus omnia ad famam dirigenda* , veu que fuivant la remarque de Cardan , [2] *AEftimatio & opinio rerum humanarum Regina funt.* (Lib. 3. de utilit.)

L'on pourroit encore faire beaucoup plus de remarques fur ce qui touche le gouvernement particulier des hommes ; mais parce que cette matiere n'eft pas moins triviale que de peu de confequence , je m'en remettray à ce qu'en a dit Cardan au livre cité un peu auparavant ; & paſſeray aux ſecrets de l'œconomie , ou reglement & adminiſtration des familles , entre leſquels je me contenteray de remarquer ſeulement & pour exemple , quelques-uns de ceux qui ont eſté pratiquez pour reprimer , & comme parer aux mauvais tours

D 5 que

---

1 Les Princes doivent gouverner , & avoir ſoin de tout , pour leur propre renommée. 2 L'eſtime & l'opinion ſont les Reines de toutes les choſes humaines.

que joüent les femmes à leurs maris,

　1 *Dum avida affectant implere vora-*
　　ginis antrum.

A propos de quoy il me souvient
d'en avoir leu un dans les contes
facetieux de Bouchet, ou de Chau-
diere, qui passera maintenant pour
serieux, comme estant beaucoup
plus propre à corriger ces humeurs gaillardes, que celuy de la
Mule qui fut huit jours sans boi-
re, dont parle Cardan en son livre 2 *de sapientia.* Certain Medecin, disent-ils, ayant eu avis que
sa femme pour quelquefois se des-
ennuyer

　3 *Intrabat calidum veteri Centone*
　　lupanar, (Juvenal.)

& qu'elle avoit même pris heure
au lendemain pour luy joüer à
fausse

---

　1 Quand elles veulent remplir le trou de
leur gouffre insatiable. 2 De la sagesse. 3 Elle
entroit dans le lieu infame qui fumoit de l'ardeur des impudiques débauches sur les vieux
tapis de diverses couleurs.

fauſſe compagnie, il ne s'en émeut
point, & n'en fit aucun ſemblant;
mais ſur la minuit, & lors que ſa
femme ne ſongeoit à rien moins,
il ſe réveille en ſurſaut feignant
que les voleurs eſtoient dedans ſa
chambre, met la main à ſes armes,
tire deux ou trois coups de piſto-
let, crie au meurtre, à l'aide, frap-
pe de ſon épée ſur les tables &
chenets, bref il fait tout ce qu'il
peut pour mettre la terreur &
l'épouvante en ſa maiſon; le matin tout eſtant appaiſé il ne manque de taſter le poux à ſa femme,
lequel il feint de trouver grandement alteré & oppreſſé à cauſe de
la peur qu'elle avoit euë, & pour
ce il luy fait tirer dix ou douze
onces de ſang, & cette evacuation
ayant amené une petite émotion,
il commence de s'épouvanter
comme ſi c'euſt eſté quelque
groſſe fievre, fait redoubler ſept
ou huit bonnes ſaignées, par aprés

vient à la rafer, ventoufer, & pur-
ger magiftralement ; ce qu'il reï-
tera fi fouvent, qu'il la fit demeurer plus de fix mois au lict, fans
avoir efté malade, pendant lequel
temps il eut tout loifir de rompre
fes pratiques & connoiffances, de
luy diminuer fon enbonpoint
vermeil & attrayant, & fur tout
de tellement refroidir, matter, &
adoucir la ferveur, & les humeurs
picquantes & acrimonieufes de
fon temperament, qu'il affoupit
en elle ce feu plus inextingui-
ble que celuy de la pierre A-
sbeftos,

    * *Qui nulla moritur, nullaque extin-*
       guitur arte. (Trigault.)

Mais le fecret que pratiquerent
les peuples de la Chine, pour remedier au même defordre qui
s'eftoit gliffé dans leurs familles,
fut beaucoup plus gentil & in-
duftrieux.

---

   * Qu'on ne peut etcindre ny faire mourir
par aucun artifice.

duſtrieux. Car ils ordonnerent &
établirent pour une des premieres Loix du Royaume, que toute
la bonne grace des femmes, ne dé-
pendroit doreſnavant que de la
petiteſſe de leurs pieds ; & que
celles-là ſeroient jugées les plus
belles, qui les auroient plus petits & mignons : ce qui ne fut pas
plûtoſt publié, que toutes les Me-
res ſans regarder à la conſequence, commencerent de reſſerrer,
eſtreſſir, & ſi bien envelopper les
pieds de leurs filles qu'elles ne
pouvoient plus ſortir de la maiſon
ny ſe ſouſtenir droites, que ſur les
bras de deux ou trois ſervantes.
Ainſi cette figure artificielle ayant
paſſé en conformation naturelle, auſſi-bien que celle des Ma-
crocephales dont parle Hippo-
crates, les Chinois ont inſenſi-
blement arreſté & fixé le Mercure que leurs femmes avoient
dans les pieds, les faiſant reſſem-

D 7   bler

bler à la Tortuë nommée par les Poëtes,

　　* *Tardigrada, & domi porta,*
Sub pedibus Veneris Cous quam finxit
Apelles.

Ils ont empeſché par ce moyen, qu'elles n'allaſſant plus à la promenade des bons hommes, & à leurs paſſe - temps accouſtumez : De même que les Dames Venitiennes ſont forcées de garder la maiſon plus ſouvent qu'elles ne voudroient, par l'uſage & les incommoditez nompareilles de leurs grands patins. Mais l'hiſtoire rapportée par Mocquet eſt bien plus étrange, & ſent beaucoup mieux ſon Coup d'Eſtat ; car il dit avoir appris, & veu mêmement pratiquer entre les Caribes, peuples barbares & farouches, qu'arrivant la mort du mary pour quelque

____

* Marchant lentement & portant ſa maiſon, laquelle Apelles natif de l'iſle de Coosa peinte & placée ſous les pieds de Venus.

que cauſe que ce ſoit, la femme
eſt contrainte ſous peine de demeurer infame, abandonnée, &
mocquée de tous ſes amis & pa-
rents, de ſe faire auſſi mourir, &
d'allumer un grand feu au milieu
duquel elle ſe precipite avec autant de pompe & de réjoüiſſance,
comme ſi elle eſtoit au jour de ſes
nopces; de quoy ledit Mocquet
s'étonnant fort, & en deman-
dant la cauſe, on luy répondit
que cela avoit eſté ſagement étably, pour remedier à la grande
malice & lubricité des femmes de
ce païs, qui avoient accouſtumé
devant la publication de cette loy,
d'empoiſonner leurs maris, lors
qu'elles en eſtoient laſſes ou qu'elles avoient envie d'en épouſer
quelque autre plus robuſte & gail-
lard,

   * *Quique ſuo melius nervum tende-*
   bat Vlyſſe.

                      Or

* Et qui fût plus vigoureux que ſon Ulyſſe.

Or fi ce remede eftoit bien pro-
portionné à la nature de ceux qui
l'avoient ordonné ; celuy que pratiqua Denys Tyran de Syracufe
pour empefcher les affemblées &
banquets qui fe faifoient de nuit,
n'eftoit pas auffi trop éloigné de
la fienne: car fans témoigner qu'elles luy dépleuffent, ou montrer
qu'il craigniſt qu'on ne les fift à
deffein de confpirer contre fon
Eftat, il fe contenta d'introduire
peu à peu l'impunité pour toutes les voleries & larcins qui fe
commettoient de nuit, les tour-
nant plûtoft en rifée, & donnant
la hardieffe par cette tolerance à
tous les mauvais garçons de ladite Ville, de fi mal traitter ceux
qu'ils rencontroient la nuit par
les ruës, que perfonne ne pouvoit
fortir de fa maifon aprés le Soleil
couché qu'il ne fe mift au hazard
d'eftre dévalifé, ou de perdre la
vie par cette forte de voleurs. Venons

nons maintenant à quelques autres moins ferieux & par confequent auffi moins fafcheux & dangereux, en ce qui eftoit de leur
pratique ; Les Republiques de
Grece voulant par regle de Police faire manger le poiffon frais
& à bon marché à leurs fujets, ils
n'eurent point recours à quelque
tariffe particuliere, de laquelle
peut-eftre que les ἰχ͞λυοπώλαι, ou
poiffonniers (comme nous les ap-
pellons) auroient eu raifon de fe
plaindre ; mais en fe fervant de
l'avis que le Poëte Comique Ale-
xis dit leur avoir efté propofé par
Ariftonique, ils defendirent fous
grieve peine aufdits Marchands
de poiffon, de fe pouvoir feoir
dans le marché ny en vendant
leurs marchandifes, * *ut ii ftandi*
tædio laffitudineque confecti, quàm re-
centiffimos venderent. Ainfi les Romains

* Afin que laffés & ennuyés de fe tenir de-
bout ils les vendiffent tout fraix.

mains defendoient aux Preftres de Jupiter de jamais monter à Cheval, *ne*, comme dit Feftus Pompeius, * *fi longius urbe difcederent, facra negligerentur*; & pour moy j'ofe dire, que fi l'on vouloit remedier à la grande confufion qu'apporte le nombre exceffif des caroffes dans la Ville de Paris, il ne faudroit que confifquer ceux que l'on trouveroit par les ruës avec moins de cinq perfonnes dedans, puis qu'au moyen de cette ordonnance, ceux qui y vont tous les jours feuls, prendroient la houffe, & les autres qui ne pourroient augmenter leur famille de trois ou quatre perfonnes, fe refoudroient facilement de la diminuer de trois ou quatre bouches inutiles telles que feroient pour lors celles d'un cocher & de deux chevaux.

Il

* De peur qu'ils ne s'éloignaffent par trop de la ville, & qu'ainfy le fervice divin fuft negligé ou difcontinué.

Il seroit facile d'augmenter le nombre de semblables exemples & secrets d'œconomie; si les precedens ne pouvoient facilement nous faire juger des autres, & nous tracer le chemin pour passer de ce second degré au troisiéme, qui est celuy de la Politique & du Gouvernement des peuples, sous l'administration d'un seul, ou de plusieurs. Or est-il qu'en ce qui regarde celui-cy, pour ne rien laisser à dire de tout ce qui peut servir à son éclaircissement, nous pouvons remarquer trois choses, c'est à sçavoir la science generale de l'établissement & conservation des Estats & Empires pour la premiere; laquelle science ne comprend pas seulement la traditive de Platon & d'Aristote, mais encore tout ce que Ciceron en son Livre des loix, Xenophon en son Prince, Plutarque en ses preceptes, Isocrate, Synesius, & les autres Auteurs

teurs ont jugé devoir eſtre entendu. & pratiqué par ceux qui gouvernent : Auſſi eſt-il vray qu'elle conſiſte en certaines regles ap-
prouvées & receuës univerſelle-
ment d'un chacun, comme par
exemple que les choſes n'arrivent
pas fortuïtement ny neceſſaire-
ment, qu'il y a un Dieu premier
Auteur de toutes choſes, qui en
a le ſoin, & qui a étably la recom-
penſe du Paradis pour les bons,
& les peines des enfers pour les
méchans : Que les uns doivent
commander, & les autres obeïr:
Qu'il eſt du devoir d'un homme
de bien de defendre l'honneur de
ſon Dieu, de ſon Roy, & de ſa
patrie envers tous & contre tous:
Que la principale force du Prince
giſt en l'amour & union de ſes
ſujets : Qu'il a droit de faire des
levées d'argent ſur eux pour ſub-
venir aux neceſſitez de la guerre,
& de l'eſtat de ſa Maiſon : & ainſi
des

des autres que Marnix, Ammi-
rato, Paruta, Remigio, Fiorenti-
no, Zinaro, Malvezzi & Botero
ont fort bien expliquées dans
leurs difcours & raifonnemens Politiques.

La feconde eft proprement ce
que les François appellent, *Ma-*
ximes d'Eflat, & les Italiens, 1 *Ra-*
gion di ftato, quoyque Botero ait
compris fous ce terme toutes les
trois differences que nous voulons établir, difant, que la 2 *Ra-*
gione di ftato, è notitia di mezzi atti
à fundare, confervare, e ampliare un
Dominio, en quoy il n'a pas fi bien
rencontré à mon jugement, que
ceux qui la definiffent, 3 *exceffum*
juris communis propter bonum commu-
ne, dautant que cette derniere definition eftant plus fpeciale, particuliere

1 Raifon d'Eftat. 2 Raifon d'Eftat eft la
connoiffance ou fcience des moyens propres à
pofer les fondemens d'une Seigneurie, à la
conferver & à l'agrandir. 3 Excés du droit
commun à caufe du bien public.

ticuliere & determinée, l'on peut
au moyen d'icelle diftinguer,
entre ces premieres regles de la
fondation des Empires, lefquelles font établies fur les loix &
conformes à la raifon ; & ces fe-
condes que Clapmarius appelle
mal à propos, * *Arcana Imperiorum*, & nous avec plus de raifon, *Maximes d'Eftat* ; puis qu'elles ne peuvent eftre legitimes
par le droit des Gens, civil ou
naturel ; mais feulement par la
confideration du bien, & de l'u-
tilité publique, qui paffe affez
fouvent par deffus celles du particulier. Ainfi voyons nous que
l'Empereur Claudius ne pouvant
par les loix de fa patrie prendre
à femme fa niepce charnelle Ju-
lia Agrippina fille de Germanicus fon frere, il eut recours aux
loix d'Eftat, pour fonder fon evidente contradiction aux loix ordinaires

* Secrets des Empires.

naires & l'épousa, * *ne fœmina experta fœcunditatis*, dit Tacite, *integra juventa*, *claritudinem Cæsarum in aliam domum transferret*. (Libr. 12.) C'est à dire, de crainte que cette femme venant à se marier en quelque grande maison, le sang des Cesars ne s'étendist en d'autres familles, & ne produisist une multitude de Princes & Princesses, qui auroient eu avec le temps quelque pretension à l'Empire, & en suite occasion de troubler le repos public. Tiberc pour cette même raison ne vouloit donner un mary à Agrippina veuve de Germanicus, & mere de celle dont nous venons de parler, bien qu'elle luy en demandast un avec pleurs & remonstrances, appuyées sur des raisons si puissantes & legitimes, qu'on

---

* Afin que cette femme dont la fecondité estoit reconnuë, & qui estoit en la fleur de son âge, ne portast en une autre maison l'illustre tige des Cesars.

qu'on ne pouvoit luy refuſer ſans commettre une injuſtice, laquelle neanmoins eſtoit legitimée par la loy de l'Eſtat, puis que Tibere n'ignoroit point [1] *quantum ex Republica peteretur*, (Tac. lib. 4. Annal.) c'eſt à dire de quelle conſequence ce mariage eſtoit, & que les enfans qui en proviendroient, eſtant arriere-neveux d'Auguſte la Republique Romaine tomberoit quelque jour en des grands troubles & partialitez, à cauſe des divers pretendans à la ſucceſſion de l'Empire. Aucune loy ne permet pareillement, que nous procurions du mal & du deſavantage, à celuy qui ne nous en a jamais fait ; & neanmoins cette maxime d'Eſtat rapportée par Tite Live, (Lib. 2. dec. 5.) [2] *id agendum ne omnium rerum jus ac poteſtas*

[1] Combien il y alloit de l'intereſt de la Republique. [2] Il faut faire cela afin que toute l'autorité ne viene point entre les mains d'un ſeul peuple.

teſtis ad unum populum perveniat,
nous oblige de donner ſecours à
nos Voiſins contre ceux qui ne
nous ont jamais offenſé, de crainte que leur ruine ne ſerve d'un
échelon pour haſter la noſtre, &
que tous nos compagnons, eſtant
devorez par ces nouveaux Cyclo-
pes, nous n'en attendions autre
grace que celle qui fut donnée à
Ulyſſe, d'eſtre reſervé pour ſatisfaire à leur derniere faim. C'eſt
le pretexte duquel ſe ſervirent les
Etoliens pour obtenir ſecours du
Roy Antiochus, & Demetrius
Roy des Illyriens pour exciter
Philippes Roy de Macedoine &
pere de Perſeus à prendre les armes contre les Romains. C'eſt
encore la raiſon pourquoy ce
grand homme d'Eſtat Coſme de
Medicis, n'eut rien tant à cœur,
que d'empeſcher Milan de tomber ſous l'autorité des Venitiens,
lors que la race des Vicomtes &

E   Ducs

Ducs de Milan fut éteinte : &
Henry le Grand ayant fceu que
le Duc de Savoye avoit failly à
furprendre Geneve , il dit tout
haut , que fi fon coup euft reüffi,
il l'auroit affiegé dedans dés le
lendemain. Mais neanmoins quand
le Roy d'Efpagne a voulu enva-
hir les Eftats du même Duc , la
France en vertu de la fufdite Maxime , eft allée puiffamment au fecours : Et c'eft elle auffi qui a
fourny d'excufe legitime aux al-
liances d'Alexandre Sixiéme & de
François Premier avec le Grand
Seigneur ; de pretexte aux traittez
fecrets de l'Efpagnol avec les Huguenots de France ; & de paffeport
à tant de troupes que nous avons
fait gliffer de temps en temps non
moins en la Valteline qu'en Hol-
lande , bien qu'en apparence contre les regles finon de la religion,
au moins de la pieté commune &
de noftre confcience. Bref fans

cette

cette conſideration l'on n'auroit
pas rompu tant de ligues dans
Guicciardin; Charles V n'auroit
pas abandonné les Venitiens au
Turc; Charles VIII n'euſt pas
eſté ſi promptement chaſſé d'Italie; Paul V n'euſt pas joüy ſi facilement du Duché de Ferrare;
ny le Pape qui ſiege à preſent de
celuy d'Urbin : Tant de Princes
ne deſireroient pas la reſtitution
du Palatinat, ny tant de proſpe-
rité au Roy de Suede, ny que
Caſal demeuraſt au Duc de Man-
touë, ſi ce n'eſtoit pour borner en
vertu de cette maxime, l'ambition
demeſurée de certains peuples, qui
voudroient pratiquer ſur les Princes voiſins, ce que les riches Bour-
geois pratiquent ſur les pauvres,

* *O ſi angulus ille*
Parvulus accedat qui nunc denormat
agellum. (Horat. 2. lib. ſerm.)

E 2   Ajouſ-

* O, ſi nous pouvions faire approcher ce
petit coin, qui defigure maintenant noſtre terre, & la rend inégale.

Ajouſtons encore que le droit de guerre ne permet point, que ceux-là ſoient en aucune façon outragez, qui mettent les armes bas pour implorer la miſericorde du vainqueur; & neanmoins lors que la quantité des priſonniers eſt ſi grande qu'on ne les peut facilement garder, nourrir & mettre en lieu de ſeureté, ou que ceux de leur party ne les veulent racheter, il eſt permis de les mettre tous bas par Maxime, dautant qu'ils pourroient affamer une armée, la tenir en défiance, favoriſer les entrepriſes de leurs compagnons, & cauſer mille autres difficultez. Et pour cette raiſon Alde Manuce (Diſcorſo 3.) a creu, de pouvoir legitimement excuſer Hannibal, de ce que en partant d'Italie il fit tuer au temple de la Deeſſe Junon tous les captifs Romains qui ne le voulurent pas ſuivre; encore qu'eu égard à cette
action

action & à quelques autres, Valere Maxime ait dit de luy, [1] *Hannibal cujus majore ex parte virtus sævitia constabat.* On peut encore rapporter à semblables maximes, les façons de faire, ou coustumes particulieres de certains peuples en ce qui est de leur gouvernement ; comme par exemple celle de nostre Loy Salique, si religieusement observée touchant la succession des Masles à la Couronne & l'exclusion des femmes, au moyen de laquelle le Royaume fut preservé pendant la Ligue de l'invasion des Espagnols : les bons & fideles François ayant protesté de nullité contre toutes les poursuites étrangeres, & donné congé à ces beaux Corrivaux par le texte formel de la Loy,

[2] *Francorum Regni successor masculus esto.*

De

---

1 Hannibal dont la vertu consistoit pour la plus grande partie en cruauté. — 2 Que le successeur du Royaume de France soit masle.

De même nature eft aux Chinois la loy qui defend fur peine de mort l'entrée de leur Païs aux étrangers ; au Grand Turc la couftume de faire mourir tous fes parens ; au Roy d'Ormus de les aveugler ; à l'Ethiopien de les enfermer fur le plus haut coupeau d'une montagne inacceffible ; l'Oftracifme aux Atheniens ; la Matze aux peuples de Valaiz en Allemagne ; le Confeil des Difcoles aux Luquois ; le Lac Orfane à Venife ; l'Inquifition en Efpagne & en Italie, & autres femblables loix & façons de faire particulieres à chaque nation, qui n'ont toutes pour fondement autre droit que celuy de l'Eftat, & neanmoins font tres-religieufement obfervées, comme eftant du tout neceffaires à la manutention & confervation des Eftats qui les pratiquent.

Finalement la derniere chofe que

que nous avons dit cy-deffus devoir eftre confiderée en la Politique, eft celle des Coups d'Eftat,
qui peuvent marcher fous la même definition que nous avons déja
donnée aux Maximes & à la rai-
fon d'Eftat,* *ut fint exceffus juris com-*
munis propter bonum commune, ou
pour m'étendre un peu davan-
tage en François, *des actions hardies*
& extraordinaires que les Princes font
contraints d'executer aux affaires dif-
ficiles & comme defefperées, contre le
droit commun, fans garder même au-
cun ordre ny forme de juftice, hazar-
dant l'intereft du particulier, pour le
bien du public. Mais pour les mieux
diftinguer des Maximes, nous
pouvons encore ajoufter, qu'en
ce qui fe fait par Maximes, les
caufes, raifons, manifeftes, declarations, & toutes les formes &
façons de legitimer une action,
E 4 pre-

_____

* Qu'elles font un excés du droit commun, à
caufe du bien public.

precedent les effets & les operations, où au contraire és Coups
d'Eftat on void pluftoft tomber
le tonnerre qu'on ne l'a entendu
gronder dans les nuées, [1] *ante*
ferit quam flamma micet, les matines
s'y difent auparavant qu'on les
fonne, l'execution precede la fentence; tout s'y fait à la Judaique;
l'on y eft pris [2] *de Gallico* fur le
vert & fans y fonger; tel reçoit
le coup qui le penfoit donner, tel
y meurt qui penfoit bien eftre en
feureté, tel en patit qui n'y fon-
geoit pas, tout s'y fait de nuit, à
l'obfcur, & parmy les brouillars
& tenebres, la Deeffe Laverne y
prefide, la premiere grace qu'on
luy demande eft,

[3] *Da fallere, da fanctum juftumque*
videri,

Noctem

---

1 Il frape avant que d'éclater. 2 Selon le
proverbe François. 3 Fai qu'on fe trompe & que je paroiffe jufte & faint, couvre
mes pechés d'une nuit & mes fraudes d'une
nuée.

Noctem peccatis, & fraudibus objice nubem. (Horat.)

Ils ont toutefois cela de bon que la même juſtice & equité s'y rencontre que nous avons dit eſtre dans les Maximes & raiſons d'Eſtat; mais en celles-là il eſt permis de les publier avant le coup, & la principale regle de ceux-cy eſt de les tenir cachées juſques à la fin. Et qu'ainſi ne ſoit les executions notables du Comte de S. Paul ſous Louys XI, du Maréchal de Biron ſous Henry IV, du Comte d'Eſſex ſous Iſabelle Reyne d'Angleterre, du Marquis d'Ancre ſous le Roy à preſent regnant, des deux freres ſous Henry III, de Majon ſous Guillaume premier Roy de Sicile, de David Riccio ſous Marie Stuart Reine d'Eſcoſſe, de Spurius Melius Chevalier Romain ſous Ahala Servilius Colonel de la Cavallerie Romaine, & de Seianus & Plautian

E 5 ſous

fous divers Empereurs ont efté
toutes aufli legitimes & neceffaires les unes que les autres, & toutefois les trois premieres doivent
eftre rapportées aux Maximes &
raifons d'Eftat, parce que le procés fut inftruit auparavant l'execution; & toutes les autres aux
fecrets & Coups d'Eftat, parce
que le Procés ne fut fait qu'en
fuite de l'execution. Nous y pouvons aufli apporter cette difference, que quand bien les formalitez
auroient precedé l'execution, fi
neanmoins la religion y eft grandement profanée, comme lors
que les Venitiens difent, * *fomo*
Venetiani, dopo Chreftiani; qu'un
Prince Chreftien appelle le Turc
à fon fecours; que Henry VIII
fit revolter fon Royaume contre
le faint Siege; que le Duc de Saxe
fomenta l'Herefie de Luther, que
Char-

* Nous fommes Venitiens, & puis Chreftiens.

Charles de Bourbon prit Rome
& fut caufe de la prifon du Pape
& de la mort de trois Cardinaux :
ou que l'affaire eft du tout extraordinaire & de tres-grande confequence pour le bien & le mal qui
en peut arriver ; alors on fe peut
encore fervir du terme de Coup
d'Eftat, comme on pourra juger
par le denombrement fuivant de
quelques-uns, qui ont efté pratiquez, non par des Turcs infide-
les ou Canibales ; mais par des
Princes Chreftiens, tels qu'ont
efté pour ne point flater ny épargner noftre Nation, les Roys de
France, entre lefquels Clovis premier Roy Chreftien, en commit
de fi étranges, & de fi éloignez
de toute forte de juftice, que je
ne fçay pas quelle penfée a eu le
bon homme Savaron, de faire un
livre de fa fainteté : Charles VII
fe contenta de pratiquer celuy de
Jeanne la Pucelle ; Louys XI vio-

la la foy donnée au Conneſtable,
trempoit un chacun, ſous le voile de Religion, & ſe ſervoit du
Prevoſt l'Hermite pour faire
mourir beaucoup de perſonnes
ſans aucune forme de procés;
François I fut cauſe de la deſcen-
te du Turc en Italie, & ne voulut obſerver le traitté fait à Ma-
drit; Charles I X fit faire cette
memorable execution de la Saint
Barthelemy, & fit aſſaſſiner ſe-
cretement Lignerolles & Buſſy;
Henry I I I ſe défit de Meſſieurs
de Guiſe; Henry I V fit la Ligue
offenſive & defenſive avec les
Hollandois, pour ne rien dire de
ſa converſion à la Foy Catholique; & Louys le Juſte, duquel
toutes les actions ſont des miracles, & les Coups d'Eſtat des effets
de ſa juſtice, en a pratiqué deux
notables en la mort du Marquis
d'Ancre, & au ſecours des Valtelins. Pour les Venitiens s'il eſt

vray

vray qu'ils tiennent la maxime rapportée cy-deffus, il faut avoüer
qu'ils demeurent plongez dans un
continuel Machiavelifme, afin de
paffer fous filence beaucoup d'autres qu'ils commettent tous les
jours : Les Florentins en fe ré-
joüiffant de la captivité de S.
Louys en la terre Sainte, ne com-
mirent pas un fecret d'Eftat ; mais
une action tres-blafmable & honteufe, * *e nota*, dit le Villani, *che
quando quefta novella venne in Firen-
ze fignoreggiando, Gibellini ne fecero
fefta à grandi fallo.* Entre les Papes
on peut remarquer la prifon de
Celeftin, le poifon d'Alexandre
fixiéme, l'affaffinat intenté & non
parfait du fra Paulo, comme preuves tres-certaines, qu'ils ne dépoüillent pas toute leur humanité lors de l'élection. Charles
d'Anjou Roy de Sicile fit deca-

E 7 piter

_____

* Et remarquez que quand cette nouvelle
vint à Florence, les Gibellins en firent une
grande réjoüiffance, mais mal à propos.

piter Conradin & Frederic d'Auftriche : Pierre d'Arragon autori-
fa les Vefpres Siciliencs. Alphon-
fe Roy de Naples, & Alexandre
fixiéme eurent recours à Bajazet
contre les forces de noftre Charles VIII : Henry VIII fit revolter l'Angleterre contre le faint
Siege ; Charles V ne tint conte
d'infeoder le Milanois au Duc
d'Orleans, comme il avoit promis
lors qu'il paffa par la France ; le
même pouvant ruiner les Prote-
ftans, il s'en fervit pour nous faire
la guerre, & les appella fes ban-
des noires ; il détourna ce que
l'Allemagne avoit contribué pour
la guerre du Turc à ruiner François premier, fa haine contre le
Roy d'Angleterre à caufe de fa
tante fit roidir Rome contre Henry VIII, & donna occafion par
ce moyen au fchifme qui en furvint, aprés lequel il fe ligua avec
luy, & le fit armer contre le
Royau-

Royaume de France : son Lieutenant Charles de Bourbon prit
Rome, & y établit une telle per-
secution contre les Ecclesiasti-
ques, * *che non vi era Huomo che ha-
veſſe ardire, di andar per la via in ha-
bito di chierico, ò di frate :* (Il dia-
logo di Charonte.) Bref il se fit de
son temps, & par son commandement un tel carnage d'hommes
aux Indes, & païs nouvellement
découverts, qu'il ne s'en est jamais fait un pareil. Philippes second ne voulut jamais permettre
que le Pape se meslaſt de l'affaire
de Portugal ; & fit pendre tous les
soldats François, qui allerent au
secours de Dom Antonio ; & qui
ne sçait par quels moyens il traver-
ſa la reduction à l'Eglise de Henry I V & ſa reconciliation avec le
saint Siege, il le peut apprendre
du Cardinal d'Oſſat, qui a fort
bien

* Qu'il n'y avoit homme qui oſaſt entreprendre d'aller par la ruë en habit de Clerc ou
de religieux.

bien enregiftré dans fes lettres
tous les artifices qui furent lors
pratiquez contre noftre Monarchie. Or ces exemples tirez de
l'Hiftoire de dix ou douze Princes
feulement, eftant en fi grand nombre, je croy qu'ils pourront auffi
fervir de preuve tres-veritable,
pour monftrer, qu'encore que les
écrits de Machiavel foient de-
fendus, fa doctrine toutefois ne
laiffe pas d'eftre pratiquée, par
ceux même qui en autorifent la
cenfure & la defenfe.

Mais dautant qu'aprés avoir
amplement difcouru fur la definition des Coups d'Eftat, il eft auffi
fort à propos de confiderer quelle
divifion l'on en peut faire; il femble que la premiere & plus legitime eft, de les divifer en fecrets
d'Eftat juftes & injuftes, c'eft à
dire en Royaux & Tyranniques;
& que l'on peut rapporter aux
premiers la mort de Plautian, de
Seianus,

Scianus, du Mareschal d'Ancre, comme aux seconds celle de Remus & de Conradin.

Mais outre cette division, que je croy devoir estre suivie comme la principale, on peut encore les diviser en ceux qui concernent le bien public, & les autres qui ne regardent que l'interest particulier de ceux qui les entreprennent. Hannibal voulant pratiquer les premiers, commanda qu'on fist mourir ce prisonnier Romain, lequel en sa presence avoit combatu & surmonté un Elephant, [1] *dicens eum indignum vita qui cogi potuerat cum bestiis decertare*; bien qu'il soit plus vray-semblable, comme a judicieusement remarqué Sarisberiensis, [2] *eum noluisse captivum inauditi*

[1] Disant que celuy qu'on avoit pû contraindre ou obliger à se battre contre une beste estoit indigne de vivre. [2] Qu'il ne voulut pas qu'un prisonnier fust honoré de la gloire d'un triomphe inouï, & que les bestes, par la vertu desquelles il avoit donné de la terreur à tout le monde, fussent ainsy diffamées.

d'ti triumphi gloria illustrari , & in-
famari bestias , quarum virtute terro-
rem orbi incusserat. (Polycrat. cap.2.
lib. 1.) Et les Eliens, peuples de la
Grece, ayant fait venir le sculpteur
Phidias de la Ville d'Athenes,
pour leur faire la statuë d'un Jupiter Olympien, comme ils virent
que cette statuë estoit merveil-
leusement bien faite , & que, s'ils
laissoient retourner Phidias à A-
thenes où il estoit rappellé, il y
en pourroit faire quelque autre
qui terniroit la gloire de celle-là;
ils l'accuserent de sacrilege , & luy
ayant coupé les deux mains le ren-
voyerent en tel estat ; [1] *nec puduit*
illos Iovem debere sacrilegio, dit Seneque : & le pauvre Phidias , [2] *ta-*
lem fecit Iovem, ut hoc ejus opus Elii
ultimum esse vellent. Quant à ceux
des particuliers ils ont esté pratiquez

----

[1] Et ils n'eurent pas honte de devoir Jupiter à un sacrilege. [2] Fit un tel Jupiter
que les Eliens voulurent que ce fust son dernier ouvrage.

quez par tous les Legiſlateurs &
nouveaux Prophetes, comme nous
dirons cy-aprés.

De plus on peut auſſi les diviſer en fortuits ou cæſuels, comme lors que Colomb perſuada à
certains habitans du nouveau
monde, qu'il leur oſteroit la Lune (qui ſe devoit bien-toſt ecli-
pſer) s'ils ne luy fourniſſoient des
vivres en abondance; & en ceux
qui ſont premeditez, & que l'on
entreprend aprés une meure deli-
beration, pour le bien evident que
l'on juge en pouvoir avenir, tels
que ſont preſque tous ceux deſquels nous avons parlé.

Il y en a pareillement de ſimples qui ſe terminent par un ſeul
coup, comme la mort de Seïanus,
& de compoſez qui pour lors ſont
ou ſuivis, ou precedez de quelques autres. Precedez, comme la
ſaint Barthelemy de la mort de
Lignerolle, des nopces du Roy
de

de Navarre, & de la bleffure de l'Admiral; Suivis, comme l'execution du Marefchal d'Ancre, de celle de Travail, de fa femme la Marquife, & de l'exil de la Reine Mere.

De plus il y en a qui fe font par les Princes, quand la neceffité & la conjoncture des affaires le requierent ainfi, comme font ceux defquels nous pretendons de parler feulement en ce difcours; & d'autres qui s'executent par leurs miniftres, lefquels fe fervent bien fouvent de l'Autorité de leurs Maiftres pour conclure beaucoup d'affaires, foit pour leur utilité particuliere ou celle du public, fans neanmoins que le Prince en puiffe connoiftre les premiers refforts ou mouvemens; ainfi voyons nous que l'avancement de Poftel fous François I, fut un petit Coup d'Eftat du Chancelier Poyet; que le mauvais rapport, que l'on fit du

Phi-

Philoſophe Bigot au même Roy,
en fut un de Caſtellan Eveſque de
Maſcon ; & de nos jours la mort
de Reboul, la priſon de l'Abbé du
Bois, le Chapeau rouge de Monſieur le Cardinal d'Oſſat, ont eſté
attribuez à Monſieur de Villeroy;
ne plus ne moins que celuy de du
Perron à Monſieur de Sully, &
l'execution de Travail à Monſieur
de Luynes. Mais parce qu'il ſeroit trop long & peut-eſtre en-
nuyeux, de rapporter icy toutes
les diviſions que l'on peut faire
ſur cette matiere, & que d'ailleurs
elles ſont preſque inutiles & ſu-
perfluës, je me contenteray des
precedentes, & laiſſeray la liberté
à un chacun d'en introduire & inventer telles autres que bon luy
ſemblera.

CHA-

CHAPITRE III.

Avec quelles precautions & en quelles occafions on doit pratiquer les Coups d'Eftat.

JE viens maintenant à ce qui eft de plus effentiel à ce difcours, & puis que les bons & fages Medecins n'ordonnent jamais les remedes dangereux & violens, fans prefcrire quand & quand toutes les precautions moyennant lefquelles on s'en peut legitimement fervir; il faut auffi que je faffe le même en cette occafion, & je le feray d'autant plus volontiers, que ces Coups d'Eftat font comme un glaive duquel on peut ufer & abufer, comme la lance de Telephe qui peut bleffer & guerir, comme cette Diane d'Ephefe qui avoit deux faces, l'une trifte & l'autre joyeufe; bref comme ces medailles de l'invention des Heretiques,

qui

qui portent la face d'un Pape &
d'un diable fous mêmes contours
& lineamens ; ou bien comme ces
tableaux qui reprefentent la mort
& la vie, fuivant qu'on les regarde
d'un cofté ou d'autre ; joint que
c'eft le propre de quelque Timon
feulement, de dreffer des gibets
pour occafioner les hommes de s'y
pendre ; & que pour moy je defere trop à la nature, & aux regles de l'humanité qu'elle nous
prefcrit, pour rapporter ces hiftoires afin qu'on les pratique mal à
propos,

*Tam felix utinam, quàm pectore
candidus effem :*
Extat adhuc nemo faucius ore meo.

C'eftpourquoy voulant prefcrire
les regles que l'on doit obferver
pour s'en fervir avec honneur, juftice, utilité, & bien-feance, j'au-
ray recours à celles qu'en donne
Cha-

___

* Plût à Dieu que je fuffe auffi heureux que
j'ay le cœur fincere. Il n'y a encore perfonne
que ma bouche ait bleffé.

Charon (lib. 3. cap. 2.) & mettray pour la premiere, que ce soit à la defensive & non à l'offensive, à se conserver, & non à s'agrandir, à se preserver des tromperies, méchancetez, & entreprises ou surprises dommageables, & non à en faire. Le monde est plein d'artifices & de malices : [1] *Per fraudem & dolum Regna evertuntur*, dit Aristote, *tu servari per eadem nefas esse vis*, ajoûte Lipse ; il est permis de joüer à fin contre fin, & auprés du Renard, contrefaire le Renard : Les loix nous pardonnent les delits que la force nous oblige de commettre : [2] *Insitum est unicuique animanti*, dit Saluste, *ut se vitamque tueatur* ; & au rapport de Ciceron (3. de offic.) [3] *communis utilitatis derelictio*

[1] On renverse les royaumes, par le moyen des fraudes & des finesses ; & tu veux qu'il soit defendu de les conserver par les mêmes moyens. [2] C'est de la nature de tous les animaux qu'ils se defendent & leur vie aussi. [3] L'abandon de l'utilité commune est contre la nature.

relictio contra naturam est, & pour lors il est besoin de biaiser quelquefois, de s'accommoder au temps & aux personnes, de mesler le fiel avec le miel, d'appliquer le cautere où les corrosifs ne font rien, le fer, où le cautere n'a point de puissance, & bien souvent le feu où le fer manque.

La seconde, que ce soit pour la necessité, ou evidente & importante utilité publique de l'Estat, ou du Prince, à laquelle il faut courir; c'est une obligation necessaire & indispensable, c'est toujours estre en son devoir que de procurer le bien public, * *semper officio fungitur*, dit Ciceron (ibid.) *utilitati hominum consulens & societati.* Cette loy si commune & qui devroit estre la principale regle de toutes les actions des Prin-

F ces,

---

* Celuy qui pourvoit au bien & à la societé des hommes fait toujours son devoir.

ces , [1] *Salus populi suprema lex esto*,
les abſout de beaucoup de petites
circonſtances & formalitez , auſquelles la juſtice les oblige : Auſſi
ſont-ils maiſtres des loix pour les
allonger ou accourcir , confirmer
ou abolir , non pas ſuivant ce
que bon leur ſemble ; mais ſelon
ce que la raiſon & l'utilité publique le permettent : l'honneur du
Prince , l'amour de la patrie , le
ſalut du peuple equipollent bien
à quelques petites fautes & in-
juſtices ; & nous appliquerons encore le dire du Prophete , ſi toutefois il ſe peut faire ſans rien
profaner : [2] *Expedit ut unus Homo
moriatur pro populo , ne tota gens
pereat.*

La troiſiéme , que l'on marche
plûtoſt en ces affaires au petit pas
qu'au galop, puiſque

1 *Nulla*

1 Que la conſervation du peuple ſoit la ſou-
veraine loy.   2 Il eſt neceſſaire qu'un homme meure pour le peuple , afin que toute la
nation ne periſſe pas.

[1] *Nulla unquam de morte hominis cunctatio longa eſt.* (Claudien.)

& que l'on n'en faſſe pas meſtier & marchandiſe, crainte que le trop frequent uſage n'attire aprés ſoy l'injuſtice. L'experience nous apprend, que tout ce qui eſt émerveillable & extraordinaire, ne ſe monſtre pas tous les jours : les Cometes n'apparoiſſent que de ſiecles en ſiecles : les monſtres, les deluges, les incendies du Veſuve, les tremblemens de terre, n'arrivent que fort rarement, & cette rareté donne un luſtre & une couleur à beaucoup de choſes, qui le perdent ſoudain que l'on en uſe trop frequemment,

[2] *Vilia ſunt nobis, quacunque prioribus annis*

F 2 *Vidi-*

[1] Il n'y a jamais de retardement qui ſoit long quand il eſt queſtion de faire mourir un homme. [2] Nous mépriſons tout ce que nous avons veu les années paſſées, & eſtimons comme de la bouë tout ce que nous avons déja veu.

Vidimus, & fordet quicquid fpecta-
vimus olim.

J'ajoufte que fi le Prince fe tient
dans la retenuë de ces pratiques,
il ne pourra facilement en eftre
blafmé, ny ne paffera à cette occafion pour tyran, perfide, ou
barbare, dautant que l'on ne doit
proprement donner ces qualitez,
qu'à ceux qui en ont contracté les
habitudes, & ces habitudes dépendent d'un grand nombre d'a-
ctions fouventefois repetées, * *ha-*
bitus eft actus multoties repetitus, tout
ainfi que la ligne eft une fuite de
points, la fuperficie une multi-
plication de lignes, l'induction
un amas de plufieurs preuves, &
le fyllogifme un entre-las de diverfes propofitions.

La quatriéme, que l'on choi-
fiffe toujours les moyens les plus
doux & faciles, & que l'on prenne

---

* L'habitude eft un acte reïteré par plufieurs
fois.

ne garde au precepte que donne Claudien à l'Empereur Ho-
norius,

> [1] *Metii ſatiabere pœnis ?*

Triſte rigor nimius. (de 4. Conſul.)
Il n'appartient qu'à des tyrans
de dire, [2] *ſentiat ſe mori*, & qu'à
des diables de ſe plaire aux tourmens des hommes ; il ne faut pas
imiter en ces actions les chevaux des Courſes Olympiques,
leſquels on ne pouvoit plus retenir lors qu'une fois ils avoient
pris carriere, il y faut proceder
en juge, & non comme partie ;
en Medecin, & non pas en bour-
reau ; en homme retenu, prudent, ſage, & diſcret, & non
pas en colere, vindicatif & abandonné à des paſſions extraordinaires & violentes : cette belle vertu
de Clemence,

F 3 *Que*

---

[1] Te contenteras-tu de la punition de Metius ? C'eſt une choſe triſte que la trop grande
rigueur. [2] Qu'il ſe ſente mourir.

* *Quæ docet ut pœnis hominum , vel*
  sanguine pasci ,
  Turpe ferumque putes.

est toujours plus estimée que la
rigueur & severité; la masse d'Hercules, disent les Poëtes, luy avoit
esté donnée pour vaincre les
Geans, punir les tyrans, & exterminer les monstres, & neanmoins
elle estoit faite de la fourche d'un
olivier, en symbole de paix & de
tranquillité; l'on peut souvente-
fois remedier à un grand arbre
qui s'en va mourant, en taillant
seulement quelques-unes de ses
branches; & une simple seignée
faite à propos, rompt bien souvent le cours à de grandes maladies; bref il faut imiter les bons
Chirurgiens qui commencent
toujours par les operations les plus
faciles à supporter; & les Juifs
qui donnoient certains breuvages
aux

* Qui enseigne à estimer sale & cruel, de
se repaitre des tourmens & du sang des humains.

aux condamnez à mort pour leur
oſter les ſentimens,& la douleur du
ſupplice; la ſeule teſte de Seianus
devoit contenter Tibere; Hannibal pouvoit bien rendre tous
ſes captifs inutiles à la guerre ſans
les tuer; le Sac de Rome eut eſté
moins odieux, ſi l'on euſt porté
plus de reſpect aux temples & à
leurs miniſtres; & le Marquis
d'Ancre n'eut pas eſté moins
juſtement puny, quand on ne
l'euſt point traiſné & dechiré.
* *Illos crudeles vocabo*, dit Seneque
(de clem. cap. 4.) *qui puniendi cau-
ſam habent, modum non habent.*

La cinquiéme, que pour juſti-
fier ces actions, & diminuer le
blâme qu'elles ont accouſtumé
d'apporter quand & ſoy, lors que
les Princes ſe trouvent reduits &
neceſſitez de les prattiquer, ils

F 4　　　ne

* J'appelleray ceux-là cruëls qui ont des
raiſons de punir, mais qui ne peuvent ſuivre de regles, & qui n'ont point de modera-
tion.

ne les faffent qu'à regret, & en foufpirant, comme le pere qui fait cauterifer ou couper un membre à fon enfant pour luy fauver la vie, ou luy arracher une dent pour avoir du repos; c'eft ce que le Poëte Claudien n'oublie pas en la defcription qu'il fait d'un bon Prince :

> * *Sit piger ad pœnas Princeps, ad pramia velox,*
> *Quique dolet quoties cogitur effe ferox.*

Il faut doncques retarder, ou au moins ne precipiter ces executions, les maſcher & ruminer fouvent dans fon efprit, s'imaginer tous les moyens poffibles pour les gauchir & éviter fi faire fe peut, fi non pour les adoucir & faciliter ; & en un mot ne s'y point refoudre, qu'avec autant de difficulté que fe-

---

1 Que le Prince foit lent au chaftiment & prompt aux recompenfes; & qu'il ait du regret quand il eft contraint à eftre fevere & rigoureux.

feroit un homme attaqué ſur mer
par la tempeſte, à ſacrifier tout
ſon bien à la fureur de cet Ele-
ment, ou un malade à ſe voir couper la jambe.

Auſſi n'eſt-ce pas mon intention de finir icy le nombre de ces
precautions par quelqu'une, que
l'on puiſſe croire eſtre la derniere de celles qu'il y faut obſerver:
l'ajouſte qui voudra à ſes écrits,
pour moy je ne la mettray jamais
aux miens, n'eſtimant pas raiſonnable, de preſcrire des fins & des
limites à la clemence & humanité;
qu'elle étende ſes bornes ſi loing
qu'elle voudra, elles me ſemble-
ront toujours trop courtes & reſ-
ſerrées. Quand on n'a point peur
que ſon cheval bronche on luy
peut laſcher la bride aſſeurément;
lors que le vent eſt bon on peut
deployer toutes les voiles; on ne
doit borner les vertus que par les
vices qui leur ſont contraires, &

F 5 tant

tant qu'elles s'en éloignent assez
pour n'y point tomber , on n'a
que faire de les retenir. Il est bien
vray qu'elles n'ont pas leur carriere si franche au sujet que nous
traitons maintenant, comme en
beaucoup d'autres, mais aussi sera-
ce assez que le Prince qui ne peut
estre du tout bon , le soit à demy,
& que celuy qui par une raison
superieure ne peut estre du tout
juste, ne soit pas aussi du tout
cruel, iniuste & meschant. Mais
quand bien nous n'aurions que
ces cinq regles & precautions,
je croy , qu'elles sont suffisan-
tes de faire juger à ceux qui
auront tant soit peu d'esprit &
d'inclination au bien , ce qui sera de la raison , & encore que
je ne les eusse point specifiées,
la discretion toutefois & le jugement des hommes sages ne permettent pas qu'ils les puissent
ignorer, veu que

* *Quid*

* *Quid faciat, quid non, homini prudentia monstrat.* (Paling. in Virgine.)

Aussi est-ce bien mon intention que de toutes les Histoires que j'ay rapportées cy-dessus & que je cotteray encore dans la suite de ce discours, celles-là passent seulement pour legitimes, lesquelles estant appliquées à ces cinq regles ou à celles de la prudence en general, se rencontreront conformes à ce qui sera du droit & de la raison.

Mais toutes les maximes & precautions susdites ne servant que pour nous rendre mieux instruits & disposez à l'execution de ces Coups d'Estat, il faut maintenant voir en quelles rencontres & occasions on les peut pratiquer. Charon sans faire semblant de rien en propose 4 ou 5 dans son livre

F 6 de

---

* La Prudence montre à l'homme ce qu'il doit ou ce qu'il ne doit pas faire.

de la fageffe (l. 3. c. 2.) mais brievement * *à la sfugita*, & faifant
comme les Scythes qui décochent
leurs meilleures fléches lors qu'ils
femblent fuïr le plus fort. Je les
étendray davantage par raifons &
exemples, & y en ajouteray beaucoup d'autres, qui ferviront comme de titres, aufquels on pourra
rapporter celles qui fe rencontreront aprés dans les Auteurs &
Hiftoriens.

Or entre ces occafions il n'y a
point de doute qu'on doit faire
marcher les premieres, quoy qu'elles foient à mon avis les plus injuftes, celles qui fe rencontrent
en l'établiffement & nouvelle erection ou changement des Royaumes & Principautez : Et pour parler premierement de l'erection,
fi nous confiderons quels ont efté
les commencemens de toutes les
Monarchies, nous trouverons toujours

* A la dérobée.

jours qu'elles ont commencé par quelques-unes de ces inventions & fupercheries, en faifant marcher la Religion & les miracles en tefte d'une longue fuite de barbaries & de cruautez. C'eft Tite Live (l.4. decad.1.) qui en a le premier fait la remarque : * *Datur*, dit-il, *hæc venia antiquitati, ut mifcendo humana divinis, primordia urbium auguftiora faciat.* Ce que nous montrerons cy-aprés eftre tres-veritable , mais pour cette heure, il nous faut demeurer dans le general, & commencer noftre preuve par l'établiffement des quatre premieres & plus grandes Monarchies du monde. Cette tant renommée Reyne Semiramis qui fonda l'Empire des Affyriens , fut affez induftrieufe pour perfuader à fes peuples, qu'ayant efté expofée en fon en-

F 7   fance,

---

* On permet à l'Antiquité qu'en mélant des chofes humaines parmy les divines, elle rende plus auguftes les commencemens des villes.

fance, les oifeaux avoient eu
le foin de la nourrir, luy ap-
portant la becquée comme ils
ont couftume de faire à leurs petits : & voulant encore confirmer cette fable par les dernieres
actions de fa vie, elle ordonna
qu'on feroit courir le bruit aprés
fa mort qu'elle avoit efté conver-
tie en pigeon, & qu'elle s'eftoit
envolée, avec une grande quantité d'oifeaux qui l'eftoient venu
querir jufques dans fa chambre.
Elle eut encore la refolution de
feindre & changer fon fexe, &
de femme qu'elle eftoit devenir
mafle, joüant le perfonnage de fon
fils Ninus, & le contrefaifant en
toutes fes actions : & pour mieux
venir à bout de cette entreprife,
elle s'avifa d'introduire une nouvelle forte de veftemens parmy
le peuple, qui eftoient grandement favorables à couvrir & cacher ce qui pouvoit le plus facilement

ment la faire reconnoistre pour femme. [1] *Brachia enim ac crura velamentis, caput tiara tegit, & ne novo habitu aliquid occultare videretur, eodem ornatu populum veſtiri jubet, quem morem veſtis exinde gens univerſa tenet*, & par ce moyen, [2] *primis initiis ſexum mentita, puer credita eſt.* (Juſt. initio.) Cyrus qui établit la Monarchie des Perſes, voulut auſſi s'autoriſer par la vigne que ſon grand pere Aſtyages avoit veu naiſtre [3] *ex naturalibus filiæ, cujus palmite omnis Aſia obumbrabatur*; & du ſonge que luy-même eut lors qu'il prit les armes, & qu'il choiſit un eſclave pour compagnon de toutes ſes entrepriſes; mais il faiſoit encore mieux valoir l'opi-

---

[1] Car elle couvrit ſes bras & ſes jambes d'une robe, & la teſte d'un turban; & afin qu'elle ne ſemblaſt pas cacher quelque choſe ſous ce nouvel habit, elle ordonna que tout ſon peuple en priſt de ſemblables, laquelle mode ce peuple garde encore. [2] Au commencement s'eſtant traveſtie elle fut priſe pour un garçon. [3] De ſa fille, dont l'ombre des ſarmens couvroit toute l'Aſie.

l'opinion qu'une chienne l'avoit nourry & alaité dans les bois, où il avoit esté exposé par Harpago, jusques à ce qu'un Pasteur l'ayant rencontré fortuitement, il le porta à sa femme, & le fit soigneusement nourrir dans sa maison. Pour Alexandre & Romulus, comme leurs desseins estoient plus relevez, aussi jugerent-ils qu'il estoit necessaire de prattiquer davantage & de beaucoup plus puissans stratagemes. C'est pourquoy encore qu'ils commençassent aussi-bien que les precedens par celuy de leur origine, ils le porterent toutefois le plus haut qu'il se pouvoit faire, d'où Sidonius a eu occasion de dire,

Magnus Alexander,nec non Romanus habentur
Concepti serpente Deo.

Car

---

* Le grand Alexandre & le Romain sont estimés avoir esté conceus d'un serpent & d'un Dieu.

Car pour Alexandre il fit croire
que Jupiter avoit accouftumé de
venir voir & de fe réjouïr avec fa
mere Olympias fous la figure d'un
ferpent, & que lors qu'il vint au
monde, la Déeffe Diane affifta fi
affiduement aux couches de ladite
Olympias, qu'elle ne fongea pas à
fecourir le temple qu'elle avoit en
Ephefe, lequel dans cet intervalle
fut entierement confommé, par
un fortuït embrafement. Quoy
plus, afin de mieux établir l'opinion de fa divinité dans la croyance de fes fujets, il difpofa les Preftres de Jupiter Ammon en Egy-
pte, [1] *ut ingredientem templum fla-
tim ut Ammonis filium falutarent;*
(Juftin. l. 11.) & pour mieux joüer
encore fon perfonnage, [2] *Rogat
num omnes patris fui interfectores fit
ultus,*

---

[1] Que dés qu'il entreroit au temple ils le
faluaffent comme le fils de Jupiter Ammon.
[2] Il demanda s'il ne s'eftoit pas vengé de tous
les meurtriers de fon pere, & ils répondirent
que fon pere ne pouvoit ni eftre tué ni mourir.

ultus, *respondent patrem ejus, nec posse interfici, nec mori* ; il en vint même aux effets, commandant à Parmenion de démolir tous les temples, & d'abolir les honneurs que les peuples de l'Orient rendoient à Jason, * *ne cujusquam nomen in Oriente venerabilius quam Alexandri esset.* Ajoustons à cela que certains captifs luy ayant donné la connoissance du remede dont on se pouvoit servir contre les fléches empoisonnées des Indiens, il fit croire auparavant que de le publier, que Dieu le luy avoit revelé en songe. Mais cette insatiable cupidité l'ayant conduit jusques à se faire adorer, il reconnut enfin par les remonstrances de Callisthenes, par l'obstination des Lacedemoniens, & par les blessures qu'il recevoit tous les jours en combatant, que toutes ses forces ne

* Afin qu'il n'y eût point de nom en Orient plus venerable que celuy d'Alexandre.

ne ſeroient jamais ſuffiſantes pour pouvoir établir cette nouvelle Apotheoſe, & qu'il faut une plus grande fortune pour gagner une petite place dans le ciel, que pour dompter icy bas & dominer toute la terre. Que ſi l'on veut ajouſter à ces hiſtoires celles de la mort de ſon Pere Philippe, de laquelle il fut conſentant avec ſa mere Olympias, & celle auſſi de Clytus, qu'il tua de ſa propre main, parce qu'il s'eſtoit acquis trop d'autorité entre les ſoldats, l'on trouvera qu'Alexandre pratiquoit en ſecret ce que Ceſar a fait depuis tout ouvertement, * *ſi violandum eſt jus, regnandi cauſa.* Quant à Romulus, il ſe mit en credit par les hiſtoires du Dieu Mars, qui pratiquoit familierement avec ſa mere Rhea; par celle de la Louve qui le nourrit ; par la tromperie des Vautours, la mort de ſon frere,

* S'il faut violer le droit, c'eſt pour regner.

re, l'Afile qu'il établit à Rome,
le raviffement des Sabines, le
meurtre de Tatius qu'il laiffa im-
puny, & finalement par la mort en
fe noyant dans des marefts, pour
faire croire que fon corps avoit
efté enlevé dans les cieux, puis
qu'on ne le pouvoit trouver en terre. Or fi l'on ajoufte à ces Coups
d'Eftat de Romulus, ceux que
Numa Pompilius fon fucceffeur
prattiqua au moyen de fa nymphe
Egerie, & des fuperftitions qu'il
établit pendant fon Regne, il fera
facile en fuite de juger,

* *Quibus aufpiciis illa inclita Roma*
Imperium Terris animos æquavit O-
lympo. (Virgil.)

Il eft encore à propos de remarquer, que tout ainfi que cette domination Monarchique ne s'eftoit
pû établir fans beaucoup de rufes

---

* Par quelle fortune cette fameufe Rome, a
maiftrifé toute la terre, & a porté fon ambition
auffi haut que l'Olympe.

ſes & de tromperies, il n'en fallut auſſi gueres moins pour la détruire, lors que les Tarquins eſtant
chaſſez de Rome à cauſe du violement de Lucreſſe, on changea l'Eſtat d'un Royaume en celuy d'une
Republique. Car nous y pouvons premierement remarquer la
folie ſimulée de Junius Brutus, ſa
cheute feinte, ſon baſton de ſureau
preſenté à l'oracle, & en ſuite
l'execution qu'il fit faire de ſes
deux fils, tant parce qu'ils eſtoient
amys des Tarquins, & accuſez de
les avoir voulu remettre dans la
ville, qu'auſſi parce que l'educa-
tion qu'ils avoient receuë durant
l'Eſtat Monarchique, eſtoit directement contraire à celuy qu'il
vouloit établir: & pour couron-
ner toutes ces actions par quelque grand Coup d'Eſtat, & par
un vray * *arcanum Imperii*, il fit
chaſſer de Rome Tarquinius Col-
latinus,

* Secret d'Empire.

latinus, quoy qu'il fuſt mary de Lucreſſe, qu'il euſt eſté ſon compagnon au Conſulat, & qu'il n'euſt pas moins contribué que luy à la ruine des Tarquins : car quoy qu'il priſt pour pretexte que le nom des Tarquins eſtoit devenu ſi odieux aux Romains, qu'ils ne pouvoient pas même le ſouffrir en la perſonne de leurs amis; ſon principal but neanmoins eſtoit de ne laiſſer aucun reſte de ceux qu'il avoit pouſſez juſques à la derniere extremité, & auſſi de ne partager la gloire de cette action avec une perſonne dont luy-même avoüoit & publioit le merite : * *Meminimus, fatemur, ejeciſti Reges, abſolve beneficium tuum, aufer hinc regium nomen.* (ap. Liv. l. 2.) Que ſi nous voulions examiner toutes les autres Monarchies & tous les Eſtats qui ſont inferieurs
à ces

---

* Il nous en ſouvient, nous le confeſſons, tu as chaſſé les Roys, paracheve cette bonne action, & oſte d'icy le nom royal.

à ces quatre, nous pourrions em-
plir un gros volume de ſemblables hiſtoires. C'eſt pourquoy ce
ſera aſſez pour la derniere preuve
de noſtre maxime, d'examiner ce
que pratiqua Mahomet, à l'établiſſement non moins de ſa Religion, que de l'Empire lequel eſt
aujourd'huy le plus puiſſant du
monde. Certes comme tous les
grands eſprits (*Poſtellus & alii*) ont
toujours eu l'induſtrie de prendre avantage des plus ſignalées
diſgraces qui leur ſont arrivées,
cettuy-cy pareillement voulut faire de même ; de façon que voyant
qu'il eſtoit fort ſujet à tomber du
haut mal, il s'aviſa de faire croire à ſes amis que les plus violens paroxiſmes de ſon epilepſie,
eſtoient autant d'extaſes & de ſignes de l'eſprit de Dieu qui
deſcendoit en luy ; il leur perſuada auſſi qu'un pigeon blanc qui
venoit manger des grains de bled
dans

dans fon oreille , eftoit l'Ange
Gabriel qui luy venoit annoncer
de la part du même Dieu ce qu'il
avoit à faire : En fuite de cela il
fe fervit du Moine Sergius pour
compofer un Alcoran , qu'il feignoit luy eftre dicté de la propre
bouche de Dieu ; finalement il
attira un fameux Aftrologue pour
difpofer les peuples par les predictions qu'il faifoit du changement
d'Eftat qui devoit arriver , & de
la nouvelle loy qu'un grand Prophete devoit établir , à recevoir
plus facilement la fienne lors qu'il
viendroit à la publier. Mais s'eftant une fois apperceu que fon
Secretaire Abdala Ben-falon , contre lequel il s'eftoit picqué à tort,
commençoit à découvrir & publier telles impoftures, il l'égor-
gea un foir dans fa maifon , & fit
mettre le feu aux quatre coins,
avec intention de perfuader le
lendemain au peuple que cela
eftoit

estoit arrivé par le feu du Ciel,
& pour chastier ledit Secretaire
qui s'estoit efforcé de changer &
corrompre quelques passages de
l'Alcoran. Ce n'estoit pas toutefois à cette finesse que devoient
aboutir toutes les autres, il en falloit encore une qui achevast le
mystere, & ce fut qu'il persuada au
plus fidelle de ses domestiques, de
descendre au fond d'un puits qui
estoit proche d'un grand chemin,
afin de crier lors qu'il passeroit en
compagnie d'une grande multitude de peuple qui le suivoit ordinairement, *Mahomet est le bien-aymé de Dieu, Mahomet est le bien-aymé
de Dieu;* & cela estant arrivé de
la façon qu'il avoit proposé, il
remercia soudain la divine bonté
d'un témoignage si remarquable,
& pria tout le peuple qui le suivoit de combler à l'heure même
ce puits, & de bastir au dessus une
petite Mosquée pour marque d'un

G   tel

tel miracle. Et par cette invention ce pauvre domeſtique fut incontinent aſſommé, & enſevely ſous une greſle de cailloux, qui luy oſterent bien le moyen de jamais découvrir la fauſſeté de ce miracle,

* *Excepit ſed terra ſonum, calamique loquaces.* (Petron. in Epigram.)

La ſeconde occaſion que l'on peut avoir de pratiquer ces coups fourrez, eſt la conſervation, ou rétabliſſement, & reſtauration des Eſtats & Principautez, lors que par quelque malheur ou par la ſeule longueur du temps, qui mine & conſomme toutes choſes, ils commencent à pancher vers leur ruine, & à menacer d'une prochaine cheute, ſi bien-toſt l'on n'y donne ordre. Et certes d'autant plus que toutes les choſes ayment leur

---

* Mais la terre & les plumes babillardes en receurent le ſon.

leur conſervation, & ſont obligées
de maintenir autant qu'il eſt poſſible les principes de leur eſtre,
ou au moins de leur bien eſtre ; je
me perſuade auſſi qu'il eſt alors
permis, voire même neceſſaire que
ce qui a ſervy à les établir, ſerve auſſi à les maintenir. J'ajouſte
encore que ſi l'opinion d'Ovide
eſt veritable,

* *Non minor eſt virtus quàm quærere*
parta tueri :

Caſus ineſt illic, hic erit artis opus,
on doit raiſonnablement conclu-
re, que ces Coups d'Eſtat ſont plus
neceſſaires pour la conſervation
& manutention des Monarchies,
que pour leur établiſſement ; au
moins ſeront-ils plus juſtes, puis
que auparavant qu'un Eſtat ſoit
formé & dreſſé, il n'y a nulle neceſſité de l'établir ; tant s'en faut,

G 2 c'eſt

* Il n'y a pas moins de vertu à conſerver
qu'à aquerir du bien : en celui-cy il y a de la
fortune, mais celui-là eſt une œuvre de l'induſtrie.

c'est le plus souvent un coup de hazard, ou l'effet de la puissance & ambition de quelque particulier; mais au contraire quand il est étably & policé, l'on est en suite obligé de le maintenir. Or puis qu'il ne seroit pas à propos de ressembler à ces vagabonds & Cingaristes,

* *Quos aliena juvant, propriis habitare m'estum.*

aprés avoir tiré tant de preuves & d'exemples des Histoires étrangeres, il ne sera pas comme je croy hors de propos de feüilleter un peu la nostre, puis qu'elle peut nous en fournir d'aussi remarquables que celles des Grecs & des Romains. Et à la verité quand je considere ce que fit Clovis nostre premier Roy Chrestien, il faut avoüer que je n'ay encore rien veu de semblable en toute l'antiquité.

* Qui se plaisant chés autruy, ne sçauroient demeurer dans leur propre maison.

quité. Car la Gaule se trouvant
divisée lorsqu'il vint à la Couronne en quatre diverses nations,
dont le Visigoth possedoit la
Gascogne, le Bourguignon estoit
Maistre du Lionnois, les Romains
commandoient à Soissons & à toutes ses appartenances, & les François qui pour lors estoient encore
presque tous Payens, gouvernoient
le demeurant : Il luy prit envie de
reünir & rassembler ces quatre
pieces separées sous son Empire,
comme Esculape fit les membres d'Hippolyte. Et pour ce faire, considerant que la Religion
Payenne commençoit insensible-
ment à vieillir, & à se diminuer,
aprés avoir gagné la bataille de
Tolbiac sur un Prince Allemand,
il prit resolution de se faire Chrestien, & de se concilier par ce
moyen la bienveillance non feulement de la Reyne Clothilde sa
femme, mais encore de beaucoup

de

de Prelats, & de tout le commun peuple de la France. Surquoy je dois remarquer comme en passant, qu'encore qu'il me seroit plus seant de rapporter les premiers motifs d'un changement si remarquable à quelque sainte inspiration, octroyée au Roy Clovis par les prieres de la bonne Reyne Clothilde, & que je ferois mieux d'interpreter toutes ces choses douteuses en bien ; il faut neanmoins que je me range icy du costé des Politiques, qui seuls ont le privilege de les interpreter en mal, ou au moins d'y remarquer quelque ruse & stratageme, afin de demeurer toujours du costé des plus fins, & d'aiguiser l'esprit de ceux qu'ils instruisent par le recit de ces actions remarquables & judicieuses à la verité, mais qui ne sont fondées le plus souvent que sur de vaines conjectures, & sur des soupçons qui ne don-

donnent & ne peuvent en aucune
façon prejudicier à la verité de
l'Hiftoire. Continuant doncques
à parler de cette converfion de
Clovis fuivant les fentiments de
Pafquier, & de quelques autres
Politiques, nous di ons que l'Efcu
defcendu du Ciel, les miracles du
Sacre, & l'Auriflamb, dont Paul
Emile ne dit mot, furent de
petits Coups d Eftat pour autorifer le changement de Religion,
duquel il fe vouloit fervir comme d'une puiffante machine pour
ruiner tous les petits Princes qui
eftoient fes voifins. Et en effet il
commença par le Romain, contre lequel la haine commune des
nations étrangeres combatoit, puis
par le Vifigoth & Bourguignon,
fous ombre qu'ils eftoient Ar-
riens, & enfuite il entreprit les
Princes Ragnacaire, Cacarie, Si-
gebert & fon fils, defcendans de
Clodion, qui occupoient encore

G 4 quel-

quelques petits échantillons de la
France; & il les fit tous fraudu-
leufement affaffiner, fans autre
pretexte que pour eviter le reffen-
timent qu'ils pourroient avoir un
jour du tort que leur avoit fait
Merové fon ayeul. Et aprés cela je laiffe à juger comme j'ay déja fait cy-deffus, quelle raifon a
pû avoir Monfieur Savaron de
faire un livre afin de prouver &
établir la fainteté de Clovis. Pour
moy je croy que la meilleure
preuve qu'il nous en pouvoit
donner, eftoit de luy faire dire
comme fit un certain Poëte à Scipion,

* *Si fas cædendo cæleftia fcandere cui-*
   quam,
. *Mi foli Cæli maxima porta patet.*

Neanmoins comme la fageffe des
hommes n'eft que pure folie devant Dieu, il arriva que fes fuc-
ceffeurs

---

* Si par des meurtres on peut monter au
ciel, la porte n'en eft ouverte qu'à moy feul.

cesseurs se laissant conduire par
les Maires du Palais comme des
bufles par le nez, le Royaume
aprés avoir changé de diverses
mains, aboutit finalement à Pe-
pin rejetton de la famille de Clodion, comme il est fort bien expliqué par Pasquier; & ainsi Clovis augmenta à la verité, & unit
le Royaume de France, mais il
ne put toutefois le conserver
long-temps à sa maison, ny à ceux
qui en sont descendus. La France doncques ayant esté reünie de
la sorte par Clovis, & un peu
aprés baucoup augmentée par
Charlemagne, elle se conserva
long-temps en un estat assez flo-
rissant, jusques à ce que les Anglois sortant de leur nid, ils y ap-
porterent la guerre, & la conti-
nuerent si obstinément, qu'en
estant presque devenus maistres,
il fut necessaire sous Charles VII,
d'avoir recours à quelque Coup

d'Eſtat pour les en chaſſer : ce
fut doncques à celuy de Jeanne la
Pucelle, lequel eſt avoüé pour
tel par Juſte Lipſe en ſes Politiques, & par quelques autres
Hiſtoriens étrangers, mais particulierement par deux des noſtres,
ſçavoir du Bellay Langey en ſon
art militaire, & par du Haillan
en ſon Hiſtoire, pour ne citer icy
beaucoup d'autres Ecrivains de
moindre conſideration. Or ce
Coup d'Eſtat ayant ſi heureuſement reüſſi que chacun ſçait, & la
Pucelle n'ayant eſté brulée qu'en
effigie, nos affaires commencerent un peu aprés à s'empirer,
tant par les guerres precedentes,
que par celles qui vinrent enſuite, & la France devint comme
ces corps cachectiques & mal ſains
qui ne reſpirent que par induſtrie,
& ne ſe ſouſtiennent que par la
vertu des remedes : car elle ne
s'eſt depuis ce temps là maintenuë

nuë que par le moyen des ftratagemes pratiquez par Loüis XI,
François I, Charles IX, & par
ceux encore qui leur ont fucce-
dé, defquels je ne diray rien prefentement, puis que toutes nos
Hiftoires en font pleines, & qu'il
y aura lieu cy-aprés de rapporter
ceux qui me fembleront les plus
remarquables.

La troifiéme raifon qui peut
legitimer ces Coups d'Eftat, eft
lors qu'il s'agit d'affoiblir ou caffer
certains droits, privileges, franchi-
fes & exemptions dont joüiffent
quelques fujets au prejudice & di-
minution de l'autorité du Prince,
comme lors que Charles V, voulant ruiner le droit de l'élection, &
affeurer l'Empire à fa famille, fe
fervit pour cet effet des predications de Luther, & luy donna
tout loifir d'établir fa doctrine,
afin que fa predication prenant
pied en Allemagne, la divifion fe

glif-

gliſſaſt parmy les Princes Electeurs, & qu'il euſt le moyen de
les ruiner plus facilement, lors
qu'il les voudroit entreprendre.
C'eſt ce que Monſieur le Duc de
Nevers a ſi bien remarqué dans le
Diſcours, qu'il fit imprimer en
l'an 1590, ſur la condition des
affaires de l'Eſtat, dedié au Pape
Sixte cinquiéme, que je ne puis
moins faire que de rapporter icy
les propres termes dont il s'eſt
ſervy. *Le pretexte de la Religion,*
dit-il, *n'eſt pas une choſe nouvelle, &*
beaucoup de grands Princes s'en ſont
ſervis pour cuider parvenir à leur but.
Ie veux cotter la guerre que Charles V
fit contre les Princes Proteſtans de la
ſecte de Luther, car il ne l'euſt jamais
entrepris, s'il n'euſt eu intention de
rendre hereditaire à la Maiſon d'Auſ-
triche la Couronne Imperiale; partant
il s'attaqua aux Princes Electeurs de
l'Empire pour les ruiner & abolir cette
élection. Car ſi le zele de l'honneur de

$\qquad$ *Dieu*

Dieu, & le desir de soustenir la sainte
Religion Catholique eust dominé son
esprit, il n'eust retardé depuis l'an 1519,
qu'il fut éleu Empereur, jusques en
l'année 1549, à prendre les armes
pour éteindre, comme il luy eust esté
lors fort aisé à faire, l'heresie que Luther commença d'allumer dés l'an 1520
en Allemagne, sans attendre qu'elle eust
embrasé la plus grande region de l'Europe : mais parce qu'il estimoit que telle
nouveauté luy pourroit apporter commodité plus que dommage; tant à l'endroit du Pape que des Princes de Ger-
manie, à cause de la division que cette
heresie engendroit parmy eux, speciale-
ment entre les Princes seculiers & les
autres, voire aussi parmy les simples
laics, il la laissa augmenter jusques à
ce qu'elle eust produit l'effet qu'il avoit
projetté; & lors il suscita le Pape Paul
troisiéme pour faire la guerre aux Protestans sous pretexte de Religion, mais
en intention de les exterminer & rendre
l'Empire hereditaire à sa Maison. Cela

fut

fut auſſi remarqué par François
premier en ſon Apologie de l'an
1537. *L'Empereur ſous couleur de la*
Religion armé de la ligue des Catholi-
ques, veut opprimer l'autre, & ſe faire
le chemin à la Monarchie : C'eſtoit
à la verité une grande ruſe con-
ceuë de longue-main, avec beaucoup de jugement & de prudence.
Mais Philippe ſecond en pratiqua
une autre, de laquelle l'effet fut
bien plus prompt & aſſeuré, quoy
qu'en choſe de moindre conſequence, puis qu'elle n'avoit autre but que d'abolir les privileges
octroyez autrefois au Royaume
d'Arragon, qui eſtoient en effet
ſi avantageux, & ſi courageuſe-
ment maintenus par ce peuple,
que les Roys d'Eſpagne ne ſe pouvoient pas vanter de leur commander abſolument : voyant doncques qu'il ſe preſentoit une belle
occaſion de les ruiner, ſur ce
que Antonio Perez ſon Secretaire
d'Eſtat

d'Eſtat & leur compatriote, aprés
avoir rompu les priſons de Caſtille
s'eſtoit retiré en Arragon, pour
aſſeurer ſa vie ſous la faveur des
Privileges octroyez à ce Royaume: il jugea que c'eſtoit un beau
pretexte pour ſe tirer une telle
épine du pied: c'eſt pourquoy
ayant ſous main pratiqué les Jeſuites afin qu'ils excitaſſent le peuple à prendre les armes, & à dé-
fendre les privileges & libertez du
païs, luy de ſon coſté met enſem-
ble une groſſe armée, & fait mine
de vouloir combattre celle des
Arragonois; ſur ces entrefaites les
Jeſuites commencent à joüer leur
jeu, & à chanter la palinodie, re-
monſtrant au peuple que veritablement le Roy avoit la raiſon de
ſon coſté, que ſes forces eſtoient
trop puiſſantes, les leurs trop foibles pour attendre le hazard de
quelque rencontre, aprés laquelle il n'y auroit point de pardon;
bref

bref ils font ſi bien que la peur &
l'étonnement ſe gliſſent dans le
cœur des Arragonois, leur armée
ſe diſſipe, chacun s'étonne, s'en-
fuit, ſe cache, & cependant l'armée du Roy d'Eſpagne paſſe outre, entre dedans Sarragoſſe, y
baſtit une Citadelle, demolit les
maiſons principales, fait mourir
les uns, bannit les autres; & n'oublie rien pour ruiner & dompter
entierement cette Province, laquelle eſt maintenant plus ſujette
& ſoumiſe au Roy d'Eſpagne
qu'aucune autre.

Au contraire lors qu'il faut établir quelque loy notable, quelque reglement ou arreſt de conſequence, il eſt bon de ſe ſervir des
mêmes moyens, & d'avoir recours
à ces maximes; & qu'ainſi ne ſoit
nous en avons tant d'exemples
pratiquez par les Romains, &
autres peuples eſtimez des plus ſages, qu'il n'eſt pas même bien-
feant

seant d'en douter : Y a-t-il rien de plus cruël que de decimer toute une legion, pour la fuite ou lascheté de quelques soldats particuliers ? & neanmoins cette loy fut établie & soigneusement observée par les Romains, afin de tenir tous les soldats en leur devoir par la terreur de ces supplices. Et les mêmes Romains, voulant empescher les attentats que les esclaves domestiques pouvoient faire sur la vie de leurs Maistres, ils ordonnerent, que lors qu'un tel delit auroit esté commis en quelque maison, tous les esclaves qui s'y rencontreroient seroient égorgez aux funerailles de leur Maistre; & cette loy fut si religieusement observée, que Pedanius Prefect de la ville ayant esté tué par un de ses esclaves, il y en eut 400 de compte fait qui furent executez, nonobstant les intercessions que fit pour eux tout le peuple de Rome,

nie, & nonobſtant même l'avis
de quelques Senateurs, auſquels
Caſſius s'oppoſa ouvertement, &
avec tant de raiſons, que l'opinion
contraire, quoy que jugée totalement inhumaine, fut ſuivie, comme il eſt rapporté par Tacite. (*l. 4.
Annal.*) Auſſi eſt-ce le precepte
de Ciceron, (1. *Officior.*) que
* *ita probanda eſt manſuetudo atque clementia, ut Reipublicæ cauſa adhibea-
tur ſeveritas, ſine qua adminiſtrari ci-
vitas non poteſt.* Les Perſes avoient
anciennement étably cette loy
pour aſſeurer la vie de leur Prince, que quiconque entreprenoit
ſur elle, n'eſtoit pas ſeulement
puny en ſa perſonne, mais en celle de tous ſes parens, que l'on
faiſoit mourir du même ſupplice,
comme on le remarque particulierement de Beſſus; & Fernand
Pinto

* Il faut uſer de douceur & de clemence
en la temperant de quelque ſeverité pour le
bien public, ſans laquelle on ne ſçauroit gouverner une ville.

Pinto dit avoir esté en un Royaume, où il vit pratiquer la même
coustume, sur plus de cinquante ou soixante personnes, qui
estoient toutes parentes d'un jeune Page, lequel en l'âge de dix
ou douze ans avoit bien eu la hardiesse de tuër son Roy. Le grand
Tamerlan ayant sceu qu'un soldat de son armée avoit beu une
chopine de laict sans l'avoir voulu payer, il le fit éventrer en presence de tous ses compagnons,
afin de les tenir par cet exemple
si extraordinaire, dans l'obeïssance de ses commandemens. Les
crimes de fausse monoye & d'heresie n'estoient pas plus griefs il
y a cent ans qu'à cette heure, &
neanmoins en ce temps-là, les
Faux Monoyeurs estoient bouillis tout vifs dans de l'huile, & les
Heretiques brulez, le tout non
à autre fin, que pour imprimer la
terreur de ces supplices, és esprits
de

de ceux que la simple defense du
Pr.nce n'estoit pas suffisante de retenir en leur devoir, [1] *& sic mul-*
torum saluti potiùs quàm libidini consu-
lendum. (Salust. ad Cæsar.)

Une autre occasion de demeurer roide en l'execution de ces
maximes, est lors qu'il est necessaire de ruiner quelque puissance,
laquelle pour estre trop grande,
nombreuse, ou étenduë en divers lieux, on ne peut pas facilement abatre par les voyes ordinaires,

[2] *Cùm illam*

Defendat numerus, junctaque um-
bone phalanges.

Et quoy qu'il fut grandement à
desirer que l'on pust en venir toujours aussi facilement à bout, que
les Roys d'Espagne ont fait des
Morisques & Marans, qu'ils chas-
seront

1 Et ainsy il faut plustost pourvoir au salut de
plusieurs, qu'à leur appetit particulier. 2 Parce
qu'elle est defenduë par des troupes nombreu-
ses & par des regimens armés.

ſerent par deux fois de leurs
Royaumes, juſques au nombre
de plus de deux cens quarante
mille familles, & ce en vertu d'un
ſimple Edict & Commandement:
Neanmoins parce que toutes les
affaires ne ſont pas ſemblables en
leurs circonſtances, ny les maladies accompagnées de mêmes ſym-
ptomes ou accidens; auſſi faut-il
bien ſouvent changer de remedes, & en pratiquer quelquefois
de plus violens les uns que les autres,

*Vlcera poſſeſſis altè ſuffuſa medul-
lis,*

*Non leviore manu, ferro curantur &
igne;*

*Ad vivum penetrant flamma, quo
funditus humor*

De-

* On guerit par le fer & le feu, & non par
quelque remede doux, les ulceres qui ſe ſont
attachés au plus profond des mouëlles; les flammes penetrant juſques au vif, font entierement
evacuer l'humeur peccante, & tarir enſuite la
cauſe du mal, ayant tiré tout ce qu'il y avoit de
mauvais ſang dans les veines.

Defluat, & vacuis corrupto sanguine venis

Arescat fons ille mali. (Claudian. 3. in Eutrop.)

La main basse que Mithridates fit faire en un seul jour sur quarante mille Citoyens Romains épandus en divers endroits de l'Asie, estoit un des Coups d'Estat dont je pretens parler. Comme aussi les Vespres Sicilienes, autorisées par Pierre Roy d'Arragon, & subtilement tramées par Prochyte grand Seigneur du païs, lequel déguisé en Cordelier noüa si bien la partie, qu'un jour de Pasques ou de Pentecoste de l'an M CC LXXXII, lors qu'on sonnoit le premier coup des vespres, les Siciliens massacrerent tous les François qui estoient dans leur Isle, sans même pardonner aux femmes ny aux petits enfans. Pareille histoire se passa encore il n'y a pas vingt ans dans l'Isle de Ma-

gna,

gna, où les habitans de la ville de
Corme, se delivrerent par un semblable moyen, & en une seule
nuit d'une armée de trente mille
hommes, qui y avoit esté en-
voyée par Arcomat Lieutenant
du Roy de Perse. Mais puis que
nous avons dans nostre Histoire
de France l'exemple de la Saint
Barthelemy, qui est un des plus
signalez que l'on puisse trouver
en aucune autre, il nous y faut
particulierement arrester, pour la
considerer suivant toutes ses principales circonstances. Elle fut
doncques entreprise par la Reyne
Catherine de Medicis, offensée
de la mort du Capitaine Charry;
par Monsieur de Guise, qui vouloit venger l'assassinat de son Pere, commis par Poltrot à la solli-
citation de l'Amiral & des Protestans; & par le Roy Charles &
le Duc d'Anjou; le premier se
voulant vanger de la retraite que
lesdits

lefdits Proteſtans luy firent faire
plus viſte qu'il ne vouloit de
Meaux à Paris , & tous deux penſant de pouvoir par ce moyen ruiner les Huguenots, qui avoient
eſté cauſe de tous ſes troubles &
maſſacres ſurvenus pendant l'eſpace de trente ou quarante ans en
ce Royaume. L'affaire fut con-
certée fort long-temps , & avec
une telle reſolution de la tenir ſe-
crete , que Lignerolles Gentilhomme du Duc d'Anjou , ayant
témoigné au Roy , encore bien
que couvertement, d'en ſçavoir
quelque choſe , il fut incontinent
aprés dépeſché , par un duel que
le Roy même ſous main luy ſuſci-
ta. Le lieu choiſi pour y attirer
tous les plus riches & autoriſez
d'entre les Huguenots fut Paris.
L'occaſion fut priſe ſur la réjoüiſſance des noces entre le Roy de
Navarre , qui eſtoit de la Religion , & la Reyne Marguerite.
　　　　　　　　　　　　　La

La bleſſure de l'Amiral cauſée par le Duc de Guiſe ſon ancien ennemy, fut le commencement de la tragedie : les moyens de l'executer en faiſant venir douze cens Arquebuſiers, & les compagnies des Suiſſes à Paris furent mêmement approuvez par l'Amiral, ſur la croyance qu'il eut que c'eſtoit pour le defendre contre la Maiſon de Lorraine : bref tout fut ſi bien diſpoſé, que l'on ne manque en choſe quelconque ſinon en l'execution, à laquelle ſi on euſt procedé rigoureuſement il faut avoüer que c'euſt eſté le plus hardy Coup d'Eſtat, & le plus ſubtilement conduit, que l'on ait jamais pratiqué en France ou en autre lieu. Certes pour moy, encore que la Saint Barthelemy ſoit à cette heure également condamnée par les Proteſtans & par les Catholiques, & que Monſieur de Thou nous

H   ait

ait rapporté l'opinion que son pere & luy en avoient par ces vers de
Stace,

　　* *Occidat illa dies avo , neu postera*
　　　credant

　　Sæcula; nos certè taceamus, & obruta
　　　multa

　　Nocte, tegi propriæ patiamur crimina
　　　gentis.

Je ne craindray point toutefois de
dire que ce fut une action tres-
juste, & tres-remarquable, & dont
la cause estoit plus que legitime,
quoy que les effets en ayent esté
bien dangereux & extraordinaires. C'est une grande lascheté ce
me semble à tant d'Historiens
François d'avoir abandonné la
cause du Roy Charles IX , & de
n'avoir monstré le juste sujet qu'il
avoit eu de se défaire de l'Amiral

---

* Qu'il ne se parle jamais plus de ce jour,
& que les siecles avenir ne croyent point
qu'il ait esté ; & pour nous gardons le silence & couvrons les crimes de nostre propre nation, les enfevelissant dans des profondes tenebres.

ral & de ses complices : on luy
avoit fait son procés quelques années auparavant, & ce fameux
arrest estoit intervenu en suite,
qui fut traduit en huit langues,
& intimé ou signifié, si l'on peut
ainsi dire, à toutes ses troupes;
on avoit donné un second arrest
en explication du premier, & tous
les Protestans avoient esté si souvent declarez criminels de leze
Majesté, qu'il y avoit un grand
sujet de loüer cette action, comme le seul remede aux guerres qui
ont esté depuis ce temps-là, & qui
suivront peut-estre jusques à la fin
de nostre Monarchie, si l'on n'eust
point manqué à l'axiome de Cardan, qui dit : * *Nunquam tentabis,
ut non perficias.* (in Proxen.) Il
falloit imiter les Chirurgiens ex-
perts, qui pendant que la veine est
ouverte, tirent du sang jusques

H 2 aux

---

* Il ne faut jamais rien entreprendre si on
ne le veut achever.

aux defaillances, pour nettoyer les corps cacochymes de leurs mauvaifes humeurs. Ce n'eft rien de bien partir fi l'on ne fournit la carriere : le prix eft au bout de la lice, & la fin regle toujours le commencement. On me pourra toutefois objecter qu'il y a trois circonftances à cette action qui la rendent extremement odieufe à la pofterité. La premiere que le procedé n'en a pas efté legitime, la feconde que l'effufion de fang y a efté trop grande, & la derniere que beaucoup d'innocens ont efté envelopez avec les coupables. Mais pour y fatisfaire je répondray à ce qui eft de la premiere, qu'il faut entendre là-deffus nos Theologiens lors qu'ils traittent * *de fide Hareticis fervanda*, & cependant je diray de mon chef, que les Huguenots nous l'ayant rompuë

* De la foy qu'on doit tenir aux heretiques.

rompuë pluſieurs fois, & s'eſtant
efforcez de ſurprendre le Roy
Charles, à Meaux & ailleurs, on
pouvoit bien leur rendre la pareille; & puis ne liſons nous pas
dans Platon (5. *de Rep.*) que ceux
qui commandent, c'eſt à dire les
Souverains, peuvent quelquefois
fourber & mentir quand il en doit
arriver un bien notable à leurs
ſujets ? Or pouvoit-il arriver un
plus grand bien à la France, que
celuy de la ruine totale des Proteſtans ? Certes ils nous la baillerent
ſi belle par leur peu de jugement,
que c'euſt preſque eſté une pareille faute à nous de les manquer,
comme à l'Amiral de s'eſtre venu enfermer avec toute la fleur
de ſon party, dans la plus grande ville & la plus ennemie qu'il
puſt avoir, ſans ſe défier de la
Reyne mere, à laquelle il avoit tué
Charry, de ceux de Lorraine deſquels il avoit fait aſſaſſiner le Pere,

& du Roy qu'il avoit fait gallo-
per depuis Meaux jufques à Paris. Ne fçavoit-il pas que fa Religion eftant haïe aux perfonnes
mêmement les plus douces & traitables, elle ne pouvoit eftre qu'a-
bominée & deteftée en la fienne,
& en celle de tant de coupejarets
defquels il eftoir ordinairement
accompagné ? D'ailleurs le bruit
qu'on fit courir en même temps
qu'ils avoient entrepris de nous
traitter comme on les traitta incontinent aprés leur deffein découvert, ne pouvoit-il pas eftre
veritable ? beaucoup le tiennent
pour tres-affeuré, & pour moy
j'eftime qu'excepté les Politiques,
chacun le peut tenir pour conftant. Quant à ce qui eft de l'effufion de fang qu'on dit y avoir
efté prodigieufe, elle n'égaloit pas
celle des journées de Coutras, de
Saint Denys, de Moncontour, ny
tant d'autres tuëries, defquelles ils
avoient

avoient esté cause. Et quiconque lira dans les Histoires, que les habitans de Cesarée tuërent quatrevingts mille Juifs en un jour; qu'il en mourut un million deux cens quarante mille en sept ans dans la Judée; que Cesar se vante dans Pline d'avoir fait mourir un million cent nonante & deux mille hommes en ses guerres étrangeres; & Pompée encore davantage; que Quintus Fabius envoya des Colonies en l'autre monde, de 100000 Gaulois, Caius Marius de 200000 Cimbres, Charles Martel de 300000 Theutons; que 2000 Chevaliers Romains, & 300 Senateurs, furent immolez à la passion du Triumvirat, quatre legions entieres à celle de Sylla, 40000 Romains à celle de Mithridate; que Sempronius Gracchus ruina 300 villes en Espagne, & les Espagnols toutes celles du Nouveau monde,

avec

avec plus de 7 ou 8 millions d'habitans: Qui confiderera, dis-je, toutes ces fanglantes tragedies, une bonne partie defquelles fe trouve enregiftrée dans le traitté de la Conftance de Jufte Lipfe, il aura affez dequoy s'étonner parmy tant de barbaries, & de croire auffi que celle de la Saint Barthelemy n'a pas efté des plus grandes, quoy qu'elle fuft une des plus juftes & neceffaires. Pour la troifiéme difficulté elle femble affez confiderable, veu que beaucoup de Catholiques furent enveloppez dans la même tempefte, & fervirent de curée à la vengance de leurs ennemis; mais il ne faut que la maxime de Craffus dans Tacite (*Annal.* 14.) pour luy fournir en deux mots de réponfe, * *habet aliquid ex iniquo omne magnum exemplum, quod con-*

---

* Tout grand exemple a quelque chofe d'injufte, qui eft recompenfé envers les particuliers par l'utilité publique qu'il procure.

*contra singulos utilitate publica repen-
dit.* D'où vient doncques que cette action, puis qu'elle eſtoit ſi legitime & raiſonnable, a neanmoins eſté & eſt encore tellement blâmée & décriée; pour moy, j'en attribue la premiere cauſe à ce qu'elle n'a eſté faite qu'à demy, car les Huguenots qui ſont reſtez, auroient mauvaiſe grace de l'approuver, & beaucoup de Catholiques qui voient bien qu'elle n'a de rien ſervy, ne ſe peuvent empeſcher de dire, qu'on ſe pouvoit bien paſſer de l'entreprendre, puis que l'on ne la vouloit pas achever; où au contraire ſi l'on euſt fait main baſſe ſur tous les Heretiques, il n'en reſteroit maintenant aucun au moins en France pour la blâmer, & les Catholiques pareillement n'auroient pas ſujet de le faire, voyant le grand repos & le grand bien qu'elle leur auroit apporté. La

H 5.   ſeconfeconde raifon eft, que fuivant le dire du Poëte,

* *Segnius irritant animos demiſſa per aures,*

Quam quæ ſunt oculis ſubjecta fide- libus.

Auſſi voyons nous qu'on ne parle pas en ſi mauvais termes de cette execution en Italie & aux autres Royaumes étrangers, comme l'on fait en France, où elle a eſté faite, au milieu de Paris, & en preſence d'un million de perſonnes; & qu'ainſi ne ſoit les Polonois, qui en receurent l'hiſtoire & le narré particulier, de la part même des plus ſeditieux & depitez Miniſtres, pendant que l'Evêque de Valence briguoit leurs ſuffrages pour l'élection de Henry III, ne firent pas grande difficulté de les luy accorder, parce qu'ils ſça-

voient

---

* Ce qu'on dit doucement à l'oreille irrite bien plus lentement les eſprits, que ce qu'on voit d'un œil fidelle.

voient bien, qu'il ne faut pas juger du naturel d'un Prince, ſur
le ſeul pied de quelque action
extraordinaire & violente, à laquelle il aura eſté forcé par de
tres-juſtes & puiſſantes raiſons
d'Eſtat. J'ajouſte que cette action
n'eſt pas encore beaucoup éloi-
gnée de noſtre memoire; Que la
pluſpart de nos Hiſtoires ont eſté
faites depuis ce temps-là par des
Huguenots, & enfin que nous en
avons la deſcription ſi ample, &
ſi particuliere dans les Memoires
de Charles IX, l'Hiſtoire de Be-
ze, les Martyrologes, & beaucoup
d'autres livres compoſez à deſſein
par les Proteſtans, pour condamner cette action, que rien n'y
eſtant oublié de tout ce qui la
peut rendre blâmable & odieuſe,
il ne ſe peut pas faire auſſi, que
ceux qui entendent la depoſition
de ces témoins corrompus, ne
ſoient de leur opinion; quoy que

H 6　　　　　　 tous

tous ceux qui la dépoüillent de
ces petites circonftances, & qui en
veulent juger fans paffion, foient
d'un fentiment contraire. Au refte
perfonne ne peut nier, qu'il ne
foit mort tant de factieux, & de
perfonnes de commandement à la
journée de la Saint Barthelemy,
que depuis ce temps-là les Huguenots n'ont pû faire des armées
d'eux-mêmes ; & que ce coup
n'ait rompu toutes les intelligences, toutes les cabales & menées
qu'ils avoient tant au dedans qu'au
dehors du Royaume, & qu'enfin
ce n'ait efté peu de chofe de tous
leurs plus grands efforts, lors qu'ils
n'ont point efté fouftenus par les
broüilleries & feditions des Catholiques. Il eft vray auffi comme quelques Politiques ont remarqué, que la même journée a
efté caufe d'un mal, duquel on
ne fe pouvoit jamais douter, car
toutes les villes qui firent la Saint
Bar-

Barthelemy, & qui tüirent les Huguenots pour obeïr au Roy, & chercher les moyens de mettre le Royaume en paix, ont esté les premieres à commencer la ligue, sur ce qu'elles craignoient, & non sans raison, que le Roy de Navarre, qui estoit Huguenot, venant à la Couronne, il n'en voulust faire quelque ressentiment; & par ce moyen l'on peut dire que la Saint Barthelemy, pour n'avoir pas esté executée comme il falloit, non seulement n'appaisa pas la guerre au sujet de laquelle elle avoit esté faite, mais en excita une autre encore plus dangereuse.

De plus lors qu'il est question d'autoriser un homme, & l'affaire dont il se mesle, de mettre en credit quelque Prince, de gagner quelqu'un, ou de le porter & encourager à quelque resolution importante; je croy que pour venir plus facilement à bout de

H 7   ces

ces chofes on peut y mefler les ftratagemes & les rufes d'Eftat. Ainfi voyons-nous que tous les Anciens Legiflateurs voulant autorifer, affermir, & bien fonder les loix qu'ils donnoient à leurs peuples, ils n'ont point eu de meilleur moyen de le faire, qu'en publiant & faifant croire avec toute l'induftrie poffible qu'ils les avoient receües de quelque Divinité, Zoroaftre d'Oromafis, Trifmegifte de Mercure, Zamolxis de Vefta, Charondas de Saturne, Minos de Jupiter, Lycurgue d'Apollon, Draco & Solon de Minerve, Numa de la Nymphe Egerie, Mahomet de l'Ange Gabriel; & Moyfe, qui a efté le plus fage de tous, nous décrit en l'Exode comme il receut la fienne immediatement de Dieu. En confideration dequoy combien que le Regne des Juifs foit entierement ruïné & abo-

aboly, * *mansit tamen*, dit Campanella (in aphorism. Polit.) *religio Mosaica cum superstitione in Hebræis & Mahumetanis, & cum reformatione præclarissima in Christianis.* C'est comme je croy, ce qui a donné sujet à Cardan de conseiller aux Princes, qui pour estre peu avantagez de naissance ou dépourveus d'argent, de Partisans, de forces militaires, & de soldats, ne peuvent gouverner leurs Estats avec assez de splendeur & d'autorité, de s'appuyer de la Religion, comme firent autrefois & fort heureusement David, Numa, & Vespasien. Philippe II Roy d'Espagne ayant esté un des plus sages Princes de son temps, s'avisa aussi d'une fort belle ruse pour autoriser de bonne heure son fils parmy les peuples à qui il devoit un jour

---

* Toutefois la religion Mosaïque est restée avec superstition parmy les Juifs & les Mahometans, & avec une tres-belle reformation parmy les Chrestiens.

jour commander. Car il fit un
Edict qui eſtoit grandement prejudiciable à ſes ſujets, faiſant courir le bruit qu'il le vouloit publier & verifier de jour à autre,
dequoy le peuple commence à
murmurer & à ſe plaindre ; luy
neanmoins perſiſte en ſa reſolution, laquelle eſt pareillement ſuivie des plaintes redoublées de ſon
peuple : enfin le bruit en vient
aux oreilles de l'Infant, qui pro-
met d'aſſiſter le peuple, & d'empeſcher par tous moyens poſſi-
bles que cet Edict ne ſoit publié,
menaçant à cet effet ceux qui voudroient entreprendre de l'executer, & n'oubliant rien de ce qui
pouvoit découvrir l'affection qu'il
avoit à delivrer le peuple de cette oppreſſion : de maniere que le
Roy Philippe venant à rachever
ſon jeu, & à ne plus parler de
l'Edict , chacun s'imagina que
l'oppoſition du jeune Prince avoit
eſté

esté la seule cause de le faire sup-
primer ; & par cette invention son
Pere luy fit gagner un empire dans
le cœur & dans l'affection des
Espagnols, qui estoit beaucoup
plus asseuré, que celuy qu'il avoit
sur les Espagnes : * *longe enim va-
lentior est amor ad obtinendum quod
velis, quàm timor*, dit Pline le jeune.
(8. *epist.*) Bref si nous prenons
garde aux moyens que l'on pratiqua pour convertir Henry IV
à la Religion Catholique, & pour
l'y confirmer, nous trouverons
que ç'a esté une action conduite
avec beaucoup d'esprit & d'industrie. Car encore que nous la
devions tenir pour tres-veritable
& asseurée, comme en effet tant de
témoignages qu'il en a rendus tout
le temps de sa vie, ne permettent
pas à personne de pouvoir douter
qu'elle ne fust telle. Si toutefois
nous.

* Car l'amour est infiniment plus puissant
que la crainte, pour nous faire obtenir quelque
chose.

nous voulons nous donner cette
liberté de la confiderer en Politique, nous pouvons facilement y
remarquer trois chofes, fçavoir les
motifs de fa converfion, qui ne furent autres que l'obftinée refiftan-
ce de Monfieur du Maine, lequel
pour cette occafion eft qualifié
dans les memoires de Tavanes, *feul
auteur aprés Dieu de la converfion de
Henry IV*, & la verité eft qu'il n'a-
voit tenu qu'à luy de traiter tres-
avantageufement, lors que fa
Majefté n'eftoit encore conver-
tie : Mais foit que Dieu euft for-
tifié fon zele, ou que les efperan-
ces mondaines l'euffent charmé,
il fe reduifit comme dit l'Italien
al verde, & ne faifant rien pour foy,
il fit beaucoup pour la France. On
met auffi entre les motifs de cette
converfion le confeil donné au
Roy par Monfieur de Sully, l'un
des principaux & des mieux fenfez
Huguenots de fon armée, *que la*
con-

Couronne de France valoit bien la peine d'entendre une Meſſe. Pour ce qui eſt des circonſtances de la converſion, il s'y en paſſa deux fort remarquables ; la premiere que le Roy fut inſtruit & catechiſé non par quelque Theologien bigot ou ſuperſtitieux qui luy euſt peut-eſtre rendu l'entrée de nos Egliſes ſemblable à ces portiques & veſtibules, de qui le Poëte a dit,

  * *Centauri in foribus ſtabulant, ſcyllaque biformes.*

Mais par René Benoiſt Docteur en Theologie, & Curé de la paroiſſe de S. Euſtache, lequel, ſi l'on en peut juger ſuivant le commun bruit, & ce qui ſe paſſa à l'article de ſa mort, n'eſtoit ny Catholique trop zelé, ny Huguenot obſtiné. D'où vient que maniant dextrement la conſcience du Roy, & de la même ſorte qu'il avoit

         fait

* Il y a des Centaures aux Portes, & des Scylles à deux formes.

fait celle de ſes Paroiſſiens, pendant l'eſpace de 25 ou 30 ans, il
luy fit ſeulement comprendre
les principaux Myſteres, ne luy
exaggerant point beaucoup de petites ceremonies & traditions, &
conduit plûtoſt cette converſion
en homme aviſé & en Politique,
que non pas en ſcrupuleux & ſuperſtitieux Theologien. La ſeconde choſe notable fut l'Hiſtoire de
la poſſedée Marthe Broſſier, laquelle à dire vray n'eſtoit qu'une
pure feinte, entrepriſe par quelques zelez Catholiques, & ap-
puyée par un bon Cardinal, afin
que le Diable duquel on feignoit
qu'elle fuſt poſſedée venant à eſtre
chaſſé par la vertu du S. Sacre-
ment, le Roy euſt occaſion de croire la preſence réelle en l'Eucha-
riſtie, de laquelle preſence ou pour
mieux dire tranſſubſtantiation, on
ne tenoit pas qu'il fuſt entierement
perſuadé. Mais luy qui ne ſe laiſ-
ſoit

ſoit pas facilement ſurprendre, voulut qu'auparavant que d'en venir aux exorciſmes, les Medecins & Chirurgiens fuſſent appellez pour en dire leur avis, lequel ayant eſté conceu en ces termes rapportez par Monſieur Mareſcot, dans le petit livret qu'il a compoſé ſur cette Hiſtoire : * *Naturalia multa, ficta plurima, à dæmone nulla.* Cette pauvre poſſedée, aprés avoir découvert l'ignorance & la beſtiſe de tous les bigots de Paris, fut menacée du fouët, ſi elle n'en ſortoit bien-toſt. C'eſt pourquoy certain Abbé la mena à Rome, d'où Monſieur le Cardinal d'Oſſat la fit ſi promptement chaſſer, qu'elle n'euſt pas le loiſir d'y ſurprendre perſonne. La derniere choſe que l'on peut remarquer en cette converſion, eſt ce qui ſe paſſa en ſuite. Sur quoy le Politique

---

* Beaucoup de choſes naturelles, quantité de feintes, & aucune de la part du Demon.

que qui doit faire fon profit &
ti:er inftruction des moindres fyl-
labes & remarques des Hiftoriens, pourra faire reflexion fur
ce que répondit un païfan au
même Roy Henry IV, que la
poche fent toujours le hareng,
comme il l'interrogeoit fans fe faire connoiftre de ce que l'on difoit parmy le peuple de fa converfion : Et auffi que le Marefchal
de Biron eftant fafché du refus
qu'on luy avoit fait du Gouvernement de Bourg en Breffe, dit
à quelqu'un de fes amys, que s'il
avoit efté Huguenot on ne luy
auroit pas refufé ; c'eft de Cayer
(Hift. fept.) que je tiens ces deux
remarques, lefquelles neanmoins,
excepté le Politique, perfonne ne
doit eftimer vrayfemblables, puis
qu'elles font démenties par beaucoup d'autres, qui leur font directement oppofées.

Finalement la loy des contraires

res qui se doivent traitter sous
même genre nous oblige de ranger encore icy les occasions qui
se peuvent presenter, de borner
ou ruiner la trop grande puissance de celuy qui en voudroit abu-
ser au prejudice de l'Estat, ou
qui par le grand nombre de ses
partisans, & la cabale de ses cor-
respondances, s'est rendu redou-
table au Souverain; voire même
s'il faut le dépécher secretement,
sans passer par toutes les formalitez d'une justice reglée, on le peut
faire, pourveu neanmoins qu'il soit
coupable, & qu'il ait merité une
mort publique, s'il eust esté possible de le chastier de telle sorte.
La raison sur laquelle Charron fait
rouler cette maxime, est que en
cela il n'y a rien que la forme vio-
lée, & que le Prince estant maistre
des formalitez, il s'en peut aussi
dispenser suivant qu'il le juge à
propos. Chez les Romains, lors
que

que quelqu'un s'efforçoit d'obtenir un office fans le confentement
du peuple, ou qu'il donnoit le
moindre foupçon d'afpirer à la
Royauté, on le puniffoit de mort
lege Valeria, c'eft à dire le plutoft que l'on pouvoit, & fans forme de juftice, à laquelle on fon-
geoit feulement aprés l'execution.
Le fameux Juris Confulte Ulpian
paffe encore plus outre quand il
dit, que * *fi forte latro manifeftus, vel*
feditio prærupta, factioque cruenta, vel
alia jufta caufa moram non recipiant,
non pœnæ feftinatione, fed præveniendi
periculi caufa punire permittit, deinde
fcribere : telles furent les executions
de Parmenion & Philotas par Alexandre ; de Plautian & de Seianus
chez les Romains, de Guillaume
Ma-

---

* Si par fortune un larron manifefte, ou
une fedition dangereufe, & une faction fan-
glante, ou quelque autre jufte caufe, ne demandent aucun retardement, il eft permis de
punir, non pas pour hafter la punition, mais
pour prevenir le danger ; & puis écrire ou fair
les formalités du procés.

Mafon en Sicile, de Meffieurs de
Guife & du Marefchal d'Ancre
fous le regne de deux de nos
Roys, & du Colonel des Lanf-
quenets dans Pavie, auquel Antonio de Leve fit donner un boüillon alteré, parce qu'il y fomen-
toit le trouble & la fedition. Or
quoy que ces actions ne puiffent
eftre legitimées, que par une neceffité extraordinaire & abfolüe,
& qu'il y ait de l'injuftice & de
la barbarie à les pratiquer trop
fouvent; les Efpagnols neanmoins
ont trouvé moyen de les accommoder à leurs confciences, & de
furmonter beaucoup de difficultez en les prattiquant. Car ils donnent des juges cachez & fecrets à
celuy qu'ils eftiment criminel
d'Eftat, ils inftruifent fon procés,
le condamnent, & cherchent aprés
de faire mettre leur fentence en
execution par tous moyens poffibles. Antoine Rincon Efpagnol

& par confequent fujet de Charles V, ne pouvant demeurer en feureté à fon païs fe retire vers François I, & eft envoyé par luy à Conftantinople, pour traitter d'une
alliance avec Soliman : l'Empereur qui prevoyoit bien le dommage que luy pouvoit apporter
cette Ambaffade, fait tuer Rincon
& Cefar Fregofe fon Collegue,
comme ils defcendoient fur le Po
pour aller à Venife, par l'entremi-
fe d'Alfonfe d'Avalos fon Lieutenant au Milanois ; dequoy tant
s'en faut que ledit Empereur s'efti-
maft coupable, que même un de
nos Evêques a bien voulu plai-
der pour fon innocence, * *Rinco
exul Hifpanus, & Francifci apud Soly-
mannum legatione functus, non inju-
ria fortaffe, Fregofus præter jus cafus
videbatur.* (Belcar. lib. 22.) André

---

* Il fembloit que Rincon banni d'Efpagne,
& Ambaffadeur de François vers Soliman, n'a-
voit pas efté tué à tort, ni Fregofe tout à fait
contre le droit.

André Doria ayant quitté le party du Roy de France, & pris celuy de l'Empereur, ſous la faveur duquel il tenoit la ville de
Genes comme en eſclavage, Louys
Fieſchy Citoyen de la même ville, entreprend avec l'aſſiſtance de
Henry II, & de Pierre Louys
Farneſe Duc de Parme & de Plaiſance, de la mettre en liberté : il
tuë d'abord Jannetin Doria & ſe
noie par hazard, lors que l'entrepriſe eſtoit à peine commen-
cée : Que fait l'Empereur Charles V ? ſur cet incident il fait reſoudre en ſon Conſeil ſecret, que
Pierre Louys eſt criminel de leze
Majeſté, & envoye les ordres en
même temps à Doria de le faire
aſſaſſiner, & à Gonzague Gouverneur de Milan de ſe ſaiſir de
la ville de Plaiſance ; ce qui fut
ponctuellement executé ſuivant
le projet qu'il en avoit donné : &
quoy qu'il ait fait le poſſible pour

té-

témoigner qu'il n'avoit eu aucu-
cune part en cette execution, tous
les Hiſtoriens neanmoins écrivent
le contraire, & le diſtique rapporté par Noël des Comptes nous apprend aſſez ce que l'on en croyoit
dés ce temps-là :

    * *Cæſaris injuſſu cecidit Farneſius He-*
ros,

    Sed data ſunt juſſu præmia ſicariis.
Quoy plus, le Cardinal George
de Hongrie ne fut-il pas ſenten-
tié de la même façon, & executé encore avec plus d'inhumani-
te par Ferdinand d'Auſtriche, ſur
la crainte qu'il eut que ledit Cardinal ne recherchaſt l'aſſiſtance du
Turc, pour commander toujours
dans la Tranſilvanie ? Et n'avons
nous pas veu depuis quatre ans
ſeulement, que le Walſtein a eſté
aſſaſſiné dans Egra, par les ſecretes

---

    * Le Heros Farneſe fut aſſaſſiné ſans que
l'Empereur l'eûe commandé, mais les meurtriers furent recompenſez par ſon ordre.

tes menées du Comte d'Ogna-
te, qui eftoit pour lors Ambaffadeur du Roy d'Efpagne auprés
de l'Empereur? & que le Bourg-
meftre la Ruelle a efté traitté
de la même forte dans la ville de
Liege par le Comte de Warfu-
zée, fuivant les Ordres que le
Marquis d'Aytone Gouverneur
des armes du Païs-bas luy en a-
voit donnez, avec des formalitez
fi precifes, que celles de le faire mourir *bien confeffé & refigné*
à la volonté de Dieu, n'y eftoient
pas oubliées, pour valider davantage cette action, & la rendre
femblable à une fentence crimi-
nelle legitimement rendue & executée? Bref cette maniere de juftice eft tellement en ufage dans
les Maifons d'Auftriche & d'Efpagne, que le pere même ne voulut pas en exempter fon propre
fils, lors qu'il jugea qu'il eftoit
moins expedient pour le bien de

fon

fon Royaume de le laiffer vivre,
que de le faire mourir. [1] *Cætera
enim maleficia tunc perfequare cum facta funt, hoc nifi provideris ne accidat,
ubi evenit, fruftra judicia explores,*
comme difoit fort bien Caton en
difcourant de la conjuration de
Catilina dans Salufte. Et pleuft à
Dieu que ce grand Empereur
Charles V, qui avoit tant fait d'autres Coups d'Eftat, ne fuft point
demeuré court en celuy qu'il falloit pratiquer fur la perfonne de
Luther, lors qu'il comparut à la
Conference d'Ausbourg! nous ne
ferions pas maintenant contraints
de dire avec le Poëte Lucian,

[2] *Heu quantum terra potuit Pelagi-
que parari,*

Hoc

---

[1] Pourfuivez la punition des autres crimes quand on les a commis, mais pour celuy-cy, fi vous ne le prevenez avant fa naiffance, quand il eft arrivé en vain recherchez-
vous d'en faire juftice.   [2] Helas! quelle
grande étendue de terre & de mer auroit-on
pû acquerir par ce fang que les guerres civiles
ont fait verfer.

Hoc quem civiles fuderunt ſanguine
dextra.

Et nous n'aurions pas éprouvé combien ce vers de Lucrece eſtoit veritable,

  * *Religio peperit ſcelerata atque im-*
  pia facta.

Car pour ne rien dire de l'Allemagne, & des autres païs étrangers, l'on a verifié (*Bodin & autres*) que depuis les premiers tumultes excitez par les Calviniſtes juſques au regne de Henry I V, les pretendus Reformez nous ont livré cinq batailles tres-cruelles & ſanglantes, & ont eſté cauſe de la mort d'un million de perſonnes, des ſurpriſes de 300 villes, d'une dépenſe de 150 millions pour le ſeul payement de la gendarmerie, & que neuf villes, 400 villages, 20000 egliſes, 2000 Monaſteres, & 10000 Maiſons ont eſté tout à

I 4   fait

* La religion a produit des actions méchan-
tes & impies.

fait bruſlées ou razées. A quoy
ſi l'on joint ce qui s'eſt paſſé dans
les dernieres guerres contre le
Roy d'apreſent, je m'aſſeure que
l'on pourra baſtir un ſpectacle
d'horreur, capable d'émouvoir à
compaſſion les cœurs les plus in-
humains, & de tirer encore cette
exclamation de la bouche des plus
retenus ,

  * *Tantum religio potuit ſuadere ma-*
  lorum
  Horribili ſuper aſpectu mortalibus in-
  ſtans !

Or dautant que perſonne n'a encore fait de reflexion ſur cette
Hiſtoire de Luther, je diray en
paſſant que l'on fit trois grandes
fautes, à mon avis, lors qu'il commença de publier ſes hereſies : la
premiere d'avoir permis qu'il paſ-
ſaſt de la correction des mœurs à
celle de la doctrine, puiſque la
plus

* La religion a-t-elle pû conſeiller tant de
maux , qui ſervent maintenant d'un triſte ſpectacle aux mortels !

plus commune est toujours la
meilleure, qu'il est tres-dangereux
d'y rien changer & peu utile, que
ce n'est pas à un particulier de le
faire, & enfin qu'un Royaume
Chrestien bien policé ne doit jamais recevoir d'autres nouveautez en la religion, que celles que
les Papes ou Conciles ont ac-
coustumé d'y introduire de temps
en temps pour s'accommoder au
besoin que l'Eglise en peut avoir,
laquelle Eglise doit estre la seule
regle de la sainte Ecriture & de
nostre foy, comme les Conciles
le sont de l'Eglise, & entre les
Conciles celuy-là qui a esté cele-
bré le dernier doit estre preferé à
tous les precedens. La seconde
fut, que Luther estant venu de
bonne foy à Ausbourg pour conferer & s'accorder, s'il estoit possible, avec les Catholiques, le Cardinal Cayetan devoit accepter les
offres qu'il fit de ne plus rien dire,

re, ny écrire en la matiere dont
il s'agiffoit, pourveu que recipro-
quement on impofaft filence à
Ecchius, Cochleus, Sylvefter Prie-
rias, & autres fes adverfaires : &
non pas le preffer de fe dédire en
public, & de chanter la palinodie de tout ce qu'il avoit dit &
prefché, avec tant d'ardeur & de
vehemence. Aprés quoy la troifiéme faute fut de n'avoir pas eu recours à un Coup d'Eftat lors que
l'on vit qu'il prenoit le frain aux
dents, & qu'il regimboit à bon
efcient contre le zele indifcret du
Legat. Car il luy falloit jetter
quelque os en bouche, ou luy
cadenaffer la langue en mettant
deffus un Aigle, puifque les Bœufs
& les Syrenes, que l'on employoit
à même fin au temps paffé, ne
font plus en ufage, c'eft à dire
qu'il le falloit gagner par quelque
bon benefice ou penfion, comme
on a fait du depuis beaucoup
des

des plus doctes & autoriſez Miniſtres. Ferrier avoit bien entrepris il n'y a pas trente ans, d'aller ſoûtenir dans la ville de Rome que le Pape eſtoit l'Anti-
chriſt ; & toutefois la Reine Mere n'eut pas grande peine à luy
faire quitter ſon party, pour ſe
ranger au noſtre : Et Monſieur le
Cardinal de Richelieu fut-il jamais
venu à bout de tant de glorieuſes
entrepriſes contre les Huguenots,
s'il ne ſe fuſt ſervy bien à propos
des finances du Roy, pour gagner tous leurs meilleurs Capitaines ? tant ce dire d'Horace eſt veritable :

* *Aurum per medios ire ſatellites*
Et perrumpere amat ſaxa, potentius
Ictu fulmineo. (Ode 16. l. 3.)

Que ſi l'on ne pouvoit venir à
bout de Luther par ce moyen-là,
il falloit en pratiquer un autre,

I 6 &

* L'or paſſe au travers des gardes & briſe
les rochers avec un plus violent effort que le
tonnerre.

& faire en sorte de le mettre en lieu de seureté, comme l'on a fait depuis peu l'Abbé du Bois & le Benedictin Barnese; ou passer outre, & l'expedier sourdement, comme l'on dit que Catherine de Medicis, fit un signalé Magicien; ou publiquement & par forme de justice, comme les Peres du Concile de Constance avoient fait Jean Huz & Hierôme de Prague: quoy qu'à dire vray les premiers moyens estoient plus à propos, puis qu'ils estoient les plus doux, faciles & couverts, & qu'ils pouvoient plus asseurément produire l'effet que l'on en esperoit; ce que ne pouvoient pas faire les derniers, qui eussent peut-estre aigry l'esprit du Duc de Saxe, & confirmé davantage les Sectateurs de Luther en leurs fausses opinions; ce que disoit un ancien des Chrestiens, * *Sanguis Mar-*

---

* Le sang des Martyrs est la semence des Chrestiens.

Martyrum ſemen Chriſtianorum, ſe
pouvant auſſi dire de tous ceux
qui ont une fois commencé à
maintenir des opinions qu'ils ſe
perſuadent eſtre veritables. Et en
effet Henry II, penſant étouffer
par ce genre de ſupplice, non
l'hereſie, mais les occaſions que
pourroient avoir un jour les Princes étrangers de le traverſer par
le moyen des Calviniſtes, comme il avoit broüillé & traverſé
l'Empereur en aſſiſtant les Luthe-
riens d'Allemagne, il ſe trompa
de telle ſorte que le nombre des
Heretiques croiſſant tous les jours
davantage, ils broüillerent enfin
la France ſous Charles neuf de la
façon que chacun ſçait; & Henry
troiſiéme ne pouvant moins faire que de s'appuyer de leurs forces, cela échauffa tellement la me-
lancolie & le zele indiſcret du Ja-
cobin, qu'il n'apprehenda point
de perdre ſa vie pour luy oſter la

I. 7   ſien-

sienne. Le docte Mathematicien Regiomontanus ayant esté appellé d'Allemagne à Rome pour servir à la reformation du Calendrier, il y mourut lors qu'il estoit au plus fort de son travail, & si l'on en veut croire ses amis, & la plus grande part des Heretiques, ce fut par un Coup d'Estat de Gregoire XIII, qui aima mieux joüer du gobelet, que de voir son dessein & le travail des plus habiles Astronomes de l'Italie non seulement retardé, mais entierement renversé par les oppositions d'un si docte personnage : Mais il est tres-certain, que la mort de Regiomontanus ne doit aucunement fleſtrir l'innocence d'un si bon & si genereux Pape, puis que ce fut pluſtoſt un crime des enfans de George Trapezonze, lesquels faschez de sa mort, & croyant que Regiomontanus en estoit cauſe, pour avoir trop librement

brement remarqué une infinité
de fautes dans la traduction Latin
de l'Almageste de Ptolomée faite
par ledit Trapezonze, ils se resolu-
rent enfin de luy rendre la pareille
& de le traitter plutost à la Grec-
que qu'à la Romaine. Si les Venitiens eussent esté aussi innocens
de la mort de leur Citoyen Lau-
redan, que le Pape de celle de Regiomontanus, Bodin (*l. 6.*) n'auroit pas remarqué dans sa metho-
thode qu'il ne vescut guere,
aprés avoir appaisé par sa seule
presence, une furieuse sedition des
gens de la Marine, acharnez contre la populace, aprés que tous
les Magistrats & les forces même
de la ville assemblées, n'y avoient
pû donner ordre. Peut-estre crai-
gnoient-ils qu'ayant reconnu quel
estoit son pouvoir, & quel empire il avoit sur les sujets de la Republique, il ne luy prist envie de
se rendre maistre absolu de leur
Estat;

Eſtat; Peut-eſtre auſſi le firent-ils
par jalouſie & emulation , comme Ariſtote dit que les Argonau-
tes ne voulurent point d'Hercule en leur compagnie, crainte que
toute la gloire d'une ſi belle entrepriſe ne fuſt attribuée à ſa ſeule
valeur & vertu :

*Vrit in fulgore fuo qui prægravat
artes.*

Infra ſe poſitas. (Horat. Ep. l. 2.
ep. 1.)

Et le même ajouſte que les Ephe-
ſiens bannirent leur Prince Her-
modorus, parce qu'il eſtoit trop
homme de bien. C'eſt la raiſon qui
fit établir l'Oſtraciſme à Athenes,
& qui obligea Scipion & Hannibal
à faire mourir deux braves ſoldats
leurs priſonniers. Mais ſi le ſtratageme eſtoit vray duquel on dit
que les Venitiens ſe ſervirent il
n'y a pas long-temps, lors qu'ils
firent

* Car celuy de qui la valeur ternit la gloire
de toutes autres entrepriſes que des ſienes, attire l'envie par l'éclat de ſes glorieuſes actions.

firent courir le bruit que le Duc
d'Offone vouloit entreprendre fur
leur ville, je croy que ç'a efté
un des plus judicieux dont nous
ayons encore parlé ; auffi leur
eftoit-il tres-important de le faire, pour obliger l'Ambaffadeur
d'un des plus grands Princes de
l'Europe, à quitter fes prattiques
qui n'alloient à rien moins qu'à
la ruine de leur Eftat, & le forcer
en fuite à une honnefte retraite.
C'eft ainfi qu'il faut referver ces
grands remedes pour les maladies
perilleufes, & pour s'en fervir
comme Horace dit qu'il faut faire des Dieux, que l'on introduit
aux tragedies, pour achever & finir ce dont les hommes ne peuvent plus venir à bout.

  * *Nec Deus interfit nifi dignus vin-*
  dice nodus

Ad-

---

* Il ne faut point qu'un Dieu s'entre-mê-
le dans l'action, fi quelque incident n'y met
un nœud qui ne fe puifle défaire par un autre
moyen.

Adfuerit. (De arte poëtica ad Pif.)

Ou comme les Mariniers font de l'ancre double, qu'ils ne jettent en mer qu'aprés avoir perdu toute autre affeurance. Et à la verité fi un Confeiller ou Miniftre propofoit, à toutes les difficultez qui fe prefentent, d'en fortir par quelqu'un de ces expediens, il ne le faudroit pas tenir pour moins fot & méchant, que feroit le Chirurgien qui voudroit guerir chaque bleffure en brûlant ou coupant le membre qui l'auroit receuë, * *extremis fiquidem malis extrema remedia adhibenda funt.* J'ajoufte que fi le même Confeiller abufe de ces remedes pour appuyer fes interefts, ou donner plus de champ à fes paffions, outre qu'il trahit le fervice de fon Maiftre, il fe rend encore coupable devant Dieu, & devant les

* Car il ne faut employer les extrêmes remedes qu'aux extrêmes maladies.

les hommes, du mal qu'il entreprend de faire; & le Souverain même, quand il en use autrement que
le bien du public ou le sien, qui
n'en est pas separé, le requiert, il
fait plûtost ce qui est de la passion
& de l'ambition d'un Tyran, que
l'office d'un Roy. Ainsi voyons
nous que la Reyne Catherine de
Medicis, 1 *quam exitio patriæ natam
Mathematici dixerant*, ne pouvant
souffrir d'estre mariée à un fils de
Roy sans estre Reyne, employa
l'artifice d'un Montecuculi pour
se delivrer du seul obstacle qu'elle
en avoit, en la personne de l'aisné
de son mary. 2 *Adfinitatem enim nu-
per cum Clemente contractam, tanto
sceleri*

1 Dont les Mathematiciens avoient dit
qu'elle estoit née pour la ruine de la patrie.
2 Car on remarqua puis après que l'alliance
qui avoit esté contractée peu de temps auparavant avec Clement, avoit fourni l'occasion d'une
si grande méchanceté, quoi qu'à l'insceu de son
mary : mais quand il fut mort, son frere estant
le plus proche qui pût succeder au royaume du
pere, on negligea d'en faire la recherche, & la
verité fut par ce moyen supprimée.

fceleri caufam dediffe poftea comper-
tum, quamvis infcio marito; verùm illo
mortuo, cum frater proximus effet ut in
regnum paternum fuccederet, omiffa in-
dagandæ rei curâ eft, & fuppreffa veri-
tas, comme a fort bien remarqué
Monfieur de Thou dans l'original
de fon Hiftoire. Elle entreprit en
fuite la protection des Huguenots
par lettres & avis fecrets, pour con-
trecarrer la puiffance du Connef-
table & de Monfieur de Guife,
à l'affaffinat duquel arrivé devant
Orleans, les memoires de Tavanes
difent qu'elle fe vanta d'avoir eu
part, comme elle eut encore du
depuis à celuy de l'Amiral ; fans
toutefois qu'elle euft d'autres motifs pour joüer toutes ces fanglantes tragedies, que le feul defir de
contenter fon ambition, de regner
fous le nom de fes enfans, & de
maintenir l'inimitié entre ceux, de
qui l'autorité portoit trop d'om-
brage à la fienne.

C H A-

CHAPITRE IV.

De quelles opinions faut-il eſtre per-
ſuadé pour entreprendre des
Coups d'Eſtat.

CE n'eſt pas aſſez d'avoir
monſtré les occaſions que
l'on peut avoir d'entreprendre ces
ſtratagemes, ſi nous ne paſſons
plus outre, & que nous ne decla-
rions auſſi de quelles notions &
perſuaſions il faut eſtre perſuadé,
pour les executer avec hardieſſe,
& en venir à bout heureuſement.
Et bien que ce titre ſemble plûtoſt appartenir aux qualitez &
conditions du Miniſtre qui les
peut conſeiller, je ne lairray toutefois de coucher icy les principales, puis que ce ſont des maximes tres-certaines, univerſelles &
infaillibles, que non ſeulement les
conſeillers, mais les Princes & toutes perſonnes de bon ſens & de
ju-

jugement doivent fuivre & obferver en toutes les affaires qui leur
peuvent furvenir ; & au defaut
defquelles les raifonnemens que
l'on fait en matiere d'Eftat, font
bien fouvent cornus, eftropiez,
& plus femblables à des contes de
vieilles, & de gens groffiers &
mechaniques, qu'à des difcours de
perfonnes fages & experimentées
aux affaires du monde.

Boëce ce grand Confeiller
d'Eftat du Roy Theodoric, nous
fournira la premiere, qu'il ex-
prime en ces termes au livre de
la confolation : [1] *Conftat æterna
pofitumque lege eft, in mundo conftans
genitum effe nihil*; à quoy s'accor-
de pareillement Saint Hierôme
lors qu'il dit en fes epiftres, [2] *omnia
orta occidunt & aucta jenefcunt* : Les
Poë-

[1] C'eft un axiome fondé fur une loy eter-
nelle, qu'il n'y a rien d'engendré au monde
qui ne foit fujet à quelque changement.
[2] Il n'y a rien qui prenne naiffance qui ne
meure & tout ce qui prend accroiffement
vieillit.

Poëtes aussi ont esté de ce même sentiment.

* Immortale nihil mundi compage tenetur,

Non Vrbes, non Regna hominum, non aurea Roma.

Et tous ceux-là generalement ne s'en éloignent gueres, qui consi- derent avec attention, comme ce grand cercle de l'univers de- puis qu'il a une fois commencé son cours, n'a point cessé d'em- porter & faire rouler quant & soy les Monarchies, les Religions, les sectes, les villes, les hommes, les bestes, arbres, pierres, & genera- lement tout ce qui se trouve com- pris & enfermé dans cette grande machine; les cieux même ne sont pas exempts des changemens ny de corruption. Le premier Em- pire des Assyriens, celuy des Per- ses

---

* n'e rien d'immortel dans le mon- de, ni même les villes, ny les royau- mes de us, ny Rome qui estoit si opu- len

ſes, qui le ſuivit, ont auſſi ceſſé des premiers ; le Grec & le Romain ne l'ont pas fait plus longue. Ces puiſſantes familles de Ptolomée, d'Attalus, de Seleucides ne ſervent plus que de fables,

> [1] *Miramur periiſſe homines, monimenta fatiſcunt ;*
>
> *Mors etiam ſaxis nominibuſque venit.* (Rutil. in Itiner.)

Cette Iſle de Crete où il y avoit cent villes, cette ville de Thebes, où il y avoit cent portes, cette Troye baſtie par les mains des Dieux, cette Rome qui triompha de tout le monde, où ſont-elles maintenant ? [2] *Iam ſeges eſt ubi Troia fuit.* Il ne faut doncques pas croupir en l'erreur de ces foibles eſprits, qui s'imaginent que Rome ſera toujours le ſiege des ſaints Peres,

&

---

[8] Nous nous étonnons de la mort des hommes ; les ſepulcres s'ouvrent, car la mort vient attaquer les rochers & les noms.   [2] Il croiſt maintenant du bled là où eſtoit autrefois Troye.

& Paris celuy des Roys de France. * *Byzantium illud vides quod sibi placet duplicis imperii sede? Venetias istas quæ superbiunt mille annorum firmitate? Veniet illis sua dies, & tu Antvverpia, ocelle urbium, aliquando non eris*, disoit judicieusement Lipse. De maniere que cette maxime estant tres-veritable, un bon esprit ne desesperera jamais de pouvoir surmonter toutes les difficultez, qui empescheroient peut-estre quelque autre d'executer ou d'entreprendre ces affaires d'importance. Comme par exemple, s'il est question qu'un Ministre, soit pour le service de Dieu, ou pour celuy de son Maistre, songe aux moyens de ruiner quelque Republique ou Empire, cette maxi-

K me

---

* Vois-tu cette Constantinople qui se flate du siege d'un double empire? & Venise qui se glorifie d'une fermeté de mille ans? Leur jour viendra; & toy Anvers, qui es l'œillet de toutes les villes, le temps viendra que tu ne seras plus.

me generale luy fera croire de premier abord, qu'une telle entreprife n'eft pas impoffible, puis qu'il n'y en a pas une qui jouïffe du privilege de pouvoir toujours durer & fubfifter. Et fi au contraire, il eft queftion d'en établir quelque autre, il fe fervira encore du même axiome pour fe refoudre à l'entreprendre, & il fe perfuadera d'en pouvoir venir auffi facilement à bout, comme ont fait les Suiffes, les Lucquois, les Hollandois, & ceux de Geneve, non dans les fiecles dont nous n'avons plus de memoire, mais dans les deux derniers, & quafi de fraifche date. Auffi en eft-il de même des Eftats, que des hommes, il en meurt & naift bien fouvent, les uns font étouffez en leurs principes, les autres paffent un peu plus outre, & prennent force & confiftance aux dépens de leurs voifins, beaucoup parviennent même jufques en

vieil-

vieilleſſe ; mais enfin les forces viennent à leur manquer, ils font place aux autres, & quittent la partie pour ne la pouvoir plus defendre :

[1] *Sic omnia verti*
Cernimus, atque alias aſſumere pon-
   dera gentes,
Concidere has.

Et alors les premieres maladies les émeuvent, les ſecondes les é-branlent, les troiſiémes les emportent ; Gracchus, Sertorius, Spartacus donnerent le premier Coup à la Romaine ; Sylla, Marius, Pompée, Jules Cæſar la porterent ſur le panchant, à deux doigts de ſa ruine, & Auguſte aprés les furies du Triumvirat l'enſevelit, [2] *Vrgentibus ſcilicet Imperii Romani fatis* : & de la plus celebre Republique du monde il en

K 2   fit

----

[1] Ainſi voyons nous bouleverſer toutes choſes ; ces nations s'affoiblir, & d'autres s'acquerir du pouvoir.   [2] Les fatalités de l'Empire Romain eſtant enfin arrivées.

fit le plus grand Empire, tout ainfi que des plus grands Empires qui font aujourd'huy, il s'en fera quelque jour des fameufes Republiques. Mais il faut encore obferver que ces changemens, ces revolutions des Eftats, cette mort des Empires, ne fe fait pas fans entraifner avec foy les Loix, la Religion & les Sectes : s'il n'eft toutefois plus veritable de dire, que ces trois principes internes des Eftats venant à vieillir & fe corrompre, la religion par les herefies ou atheifmes ; la juftice par la venalité des offices, la faveur des grands, l'autorité des Souverains ; & les Sectes par la liberté qu'un chacun prend d'introduire de nouveaux dogmes, ou de rétablir les anciens, ils font auffi tomber & perir tout ce qui eftoit bafty deffus, & difpofent les affaires à quelque revolte ou changement memorable. Certes fi l'on con-

conſidere bien maintenant, quel
eſt l'Eſtat de l'Europe, il ne ſera
pas auſſi difficile de juger qu'elle
doit bien-toſt ſervir de Theatre
où ſe joüeront beaucoup de ſemblables tragedies, puis que la pluſpart des Eſtats qu'elle contient ne
ſont pas beaucou_   ignez de
l'âge qui a fait p   s les autres, & que tan   gues &
faſcheuſes guerres on_ _ait naiſtre,
& ont augmenté les cauſes mentionnées cy-deſſus, qui peuvent
ruiner la juſtice; comme le t p
grand nombre de Colleges, ſe-
minaires, étudians, joints à la facilité d'imprimer & tranſporter
les livres, ont déja bien ébranlé
les Sectes & la Religion. Et en
effet c'eſt une choſe hors de doute, qu'il s'eſt fait plus de nouveaux ſyſtemes dedans l'Aſtro-
nomie, que plus de nouveautez
ſe ſont introduites dans la Philoſophie, Medecine & Theologie,

K 3　　　　　que

que le nombre des Athées s'eft plus fait paroiftre depuis l'année 1452, qu'aprés la prife de Conftantinople tous les Grecs, & les fciences avec eux fe refugierent en Europe, & particulierement en France & en Italie, qu'il ne s'en eftoit fait pendant les mille années precedentes. Pour moy je défie les mieux verfez en noftre Hiftoire de France, de m'y monftrer que quelqu'un ait efté accufé d'Atheïfme, auparavant le Regne de François I, furnommé le Reftaurateur des lettres, & peut-eftre encore feroiton bien empefché de me montrer le même dans l'Hiftoire d'Italie, auparavant les careffes que Cofme & Laurens de Medicis firent aux hommes lettrez; ce fut de même fous le fiecle d'Augufte que le Poëte Horace (*lib.* 1. *Ode* XXXIV.) difoit de foy-même:

[1] *Parcus Deorum cultor, & infre-*
     quens,
  Infanientis dum fapientiæ
  Confultus erro.

Que Lucrece penfoit bien fe concilier la bienveillance de fes le-
cteurs, en leur difant qu'il les
vouloit delivrer des gefnes & des
peines que leur donnoit la religion,

[2] *Dum relligionum animos vinclis*
     exfolvere pergo.

Et que S. Paul difoit aux Romains, [3] *tunc veni cum Deus non erat*
in vobis. Ce fut enfin fous les Rois
Almanfor & Miramolin, plus ftu-
dieux & lettrez que n'avoient efté
tous leurs Predeceffeurs, que les
Aladiniftes ou libertins, eurent
grande vogue parmy les Arabes:

K 4   en

---

[1] L'eftude que j'ay faite d'une fageffe in-
fenfée, m'avoit rendu fi peu foigneux d'honorer les Dieux, que je les adorois rarement.
[2] Pendant que je continue à rompre les liens
dont la religion a embarraffé vos efprits. [3] Je
fuis venu à vous, en un temps qu'il n'y avoit
point de Dieu parmy vous.

en fuite de quoy nous pouvons
bien dire avec Seneque, * *ut rerum
omnium fic literarum intemperantia la-
boramus.*

La feconde opinion de laquelle on doit eftre perfuadé pour
bien reüffir aux Coups d'Eftat,
eft de croire qu'il ne faut pas
remüer tout le monde pour oc-
cafionner les changemens des plus
grands Empires, ils arrivent bien
fouvent fans qu'on y penfe, ou
au moins fans que l'on faffe de fi
grands preparatifs. Et comme Ar-
chimede remuoit les plus pefans
fardeaux, avec trois ou quatre
baftons induftrieufement joints
enfemble, auffi peut-on quelquefois remüer, voire même ruiner
ou faire naiftre des grandes affaires, par des moyens qui font prefque de nulle confideration. C'eft
dequoy Ciceron (*Philip.* 5.) nous
aver-

---

* Nous fommes auffi-bien travaillez de l'in-
temperance des lettres que de celle de toutes
autres chofes.

avertit lors qu'il dit , [1] *quis nefciat,*
minimis fieri momentis maximas tem-
porum inclinationes ; le monde fuivant la doctrine de Moyſe a eſté
fait de rien , & en celle d'Epicure il n'a eſté compoſé que du con-
cours de divers atomes : Et ces
grands fleuves qui roulent avec
impetuoſité preſque d'un bout de
la terre à l'autre, ſont d'ordinaire ſi
petits vers leurs ſources qu'un enfant les peut facilement traverſer,

[2] *Flumina quanta vides parvis è fon-*
tibus orta ?

Il en eſt de même aux affaires Politiques , une petite flammeche
negligée excite bien ſouvent un
grand feu,

[3] *Dum neglecta ſolent incendia ſu-*
mere vires.

K 5   Et

Et comme il ne fallut qu'une petite pierre arrachée de la montagne, pour ruiner la grande ftatue, ou plutoft le grand coloffe
de Nabuchodonofor ; de même
une petite chofe peut facilement
renverfer de grandes Monarchies.
Qui euft jamais creu que le raviffement de Helene, le violement
de Lucrece par Tarquin, & celuy de la fille du Comte Julien
par le Roy Roderic, euffent produit des effets fi notables tant en
Grece, qu'Italie & Efpagne ? Mais
qui euft jamais penfé que les Eto-
les & Arcades fe fuffent acharnez
à la guerre pour une hure de San-
glier ; ceux de Carthage & de Bi-
fague pour le fuft d'un brigantin;
le Duc de Bourgogne & les Suiffes
pour un chariot de peaux de
Mouton ; les Frifons & les Romains du temps de Drufus pour
des cuirs de Bœuf ; & les Pictes
& Efcoffois pour quelques Chiens
                                    per-

perdus? Ou que du temps de Ju-
stinian toutes les villes de l'Empire euſſent pû ſe diviſer & concevoir une haine mortelle les unes
contre les autres, pour le diffe-
rend des couleurs qui ſe portoient aux jeux & recreations pu-
bliques? La nature même ſemble avoir agreable cette façon de
proceder, lors qu'elle produit
les grands & ſpacieux Cedres
d'un petit germe; & les Elephans
& Balenes, d'un atome s'il faut
ainſi dire de ſemence. C'eſt en
quoy elle s'efforce d'imiter ſon
Createur, qui a couſtume de tirer la grandeur de ſes actions, de
la foibleſſe de leurs principes, &
de les mener d'un commencement debile au progrez d'une
perfection accomplie. Et en effet
lors qu'il voulut delivrer ſon peuple de la captivité de Pharaon,
il n'envoya pas quelque Roy,
ou quelque Prince, accompagné

K 6   d'une

d'une puiſſante armée ; mais il
ſe ſervit d'un ſimple homme [1] *im-*
peditioris & tardioris lingua , qui
paſcebat aves Iethro ſoceri ſui ; (Exod.
3. & 4.) lors qu'il voulut chaſ-
tier & épouvanter les Egyptiens,
il ne ſe ſervit pas du foudre ny
du tonnerre , [2] *ſed immiſit tantum*
ranas , cyniphes & locuſtas & omne ge-
nus muſcarum ; lors qu'il fallut delivrer les Philiſtins, ce fut par les
mains de Saül qu'il fit couron-
ner Roy de ſon peuple, au même
temps qu'il ne penſoit qu'à chercher [3] *aſinas patris ſui Cis ;* (1 Reg.
11.) ainſi pour combattre Go-
liath, il choiſit David [4] *dum am-*
bulabat poſt gregem patris ſui ; (c. 17.)
& pour delivrer Bethulie de la
per-

---

[1] Qui n'avoit pas la langue bien pendue &
avoit peine à parler, & qui paiſſoit les brebis
de ſon beaupere Jethro.   [2] Mais leur envoya
des grenoüilles, des ſauterelles, des mouches à chien , & toutes autres ſortes de
mouches.   [3] Les âneſſes de Cis ſon pere.
[4] Lors qu'il alloit aprés le troupeau de ſon
pere.

perfecution d'Holofernes, il n'employa point de puiffans & courageux foldats, * *fed manus fœmina
dejecit eum.* (Judith. 9.) Mais puis
que ces actions font autant de miracles, & que nous ne pouvons
pas les tirer en confequence, fai-
fons un peu de reflexion fur la
grandeur de l'Empire du Turc,
& fur les merveilleux progrez
que font tous les jours les Lu-
theriens & Calviniftes, & je
m'affeure que l'on fera contraint
d'admirer comme le dépit de
deux Moines qui n'avoient pour
toutes armes que la langue & la
plume, ont pû eftre caufe de fi
grandes revolutions, & de changemens en la Police & en la Religion fi extraordinaires. Aprés
quoy il faut avoüer que les Am-
baffadeurs des Scythes avoient
bonne raifon de remonftrer à Ale-

K 7 　　　xandre,

---

* Mais il fut abbatu par la main d'une
femme.

xandre, que * *fortis Leo aliquando minimarum avium pabulum eft, ferrum rubigo confumit, & nihil eft cui periculum non immineat ab invalido.*
C'eſt doncques le devoir du bon Politique, de conſiderer toutes les moindres circonſtances qui ſe rencontrent aux affaires ſerieuſes & difficiles, pour s'en ſervir, en les augmentant, & en faiſant quelquefois d'une Mouche un Elefant, d'une petite égratignure une grande playe, & d'une étincelle un grand feu ; ou bien en diminuant toutes ces choſes ſuivant qu'il en ſera beſoin pour favoriſer ſes intentions. Et à ce propos il me ſouvient d'un accident peu remarqué qui ſe paſſa aux Eſtats tenus à Paris l'an 1615, lequel neanmoins eſtoit capable de ruiner la France, & de luy faire

---

* Quelquefois le Lion courageux ſert de paſture aux plus petits oiſeaux, que la roüillure conſume le fer, & qu'il n'y a rien qui ne coure riſque d'eſtre endommagé de la plus foible choſe.

faire changer ſa façon de Gouvernement, ſi l'on n'y euſt promptement remedié; car la Nobleſſe
ayant inſeré dans ſon cahier de re-
monſtrances un article pour faire
comprendre le bien qui pouvoit
revenir à la France de la caſſation
du droit annuel, ou pour eſtre
mieux entendu de la Polette, le
Tiers Eſtat qui ſe croyoit grandement leſé par cette propoſition, en
coucha un autre dans le ſien, par
lequel le Roy eſtoit ſupplié, de re-
trancher les penſions qu'il donnoit à beaucoup de Gentilshom-
mes qui ne luy rendoient aucun
ſervice; là-deſſus chaque partie
commence à s'alterer, & chacun
de ſon coſté envoye des deputez
pour faire entendre ſes raiſons; ils
ſe rencontrent, & en viennent
aux injures, les deputez de la Nobleſſe appellant ceux du Tiers
Eſtat des Ruſtres, & les menaçant de les traitter à coups d'épe-
ron;

ron ; ceux-cy répondent qu'ils
n'avoient pas la hardieffe de le faire, & que s'ils y avoient feulement fongé, il y avoit 100000
hommes dans Paris, qui en tire-
roient la raifon fur le champ : cependant quelques Magiftrats &
Ecclefiaftiques qui eftoient pre-
fens à ces difcours, jugeant bien
des dangereufes confequences qui
en pouvoient arriver, vont à bride
abbatue au Louvre, avertiffent le
Roy de ce qui fe paffe, le prient
& conjurent d'y remedier promptement, & font en forte que Sa
Majefté, les Reynes & tous les
Princes y interpofant leur autorité, defenfes furent faites fur
peine de la vie, de plus parler de
ces deux articles, ny de plus tenir
aucun difcours de tout ce qui
s'eftoit paffé à leur fujet; & bien
nous prit de ce qu'on y apporta
fi promptement remede : car fi les
deputez de la Nobleffe euffent
paffé

paſſé des paroles aux effets, ceux du Tiers Eſtat ſe fuſſent peut-eſtre rencontrez ſi violents, obſti-nez & vindicatifs, & le peuple de Paris en telle verve & diſpoſi-tion, que toute la Nobleſſe qui y eſtoit, euſt couru grande riſque d'eſtre ſacagée, & peut-eſtre qu'en ſuite on euſt fait le mê-me par toutes les autres villes du Royaume, qui ſuivent d'ordinaire l'exemple de la Capitale.

Or parce que ſi cet accident fuſt arrivé, c'euſt eſté par le moyen de la populace, laquelle ſans juger & connoiſtre ce qui eſtoit de la raiſon, ſe fuſt jettée à l'impourveu & à l'étourdie, ſur ceux qu'on luy auroit mis les premiers en butte de ſa fureur; il n'eſt pas hors de propos d'avertir & de mettre pour une troiſiéme perſuaſion, que les meilleurs Coups d'Eſtat ſe faiſant par ſon moyen on doit auſſi particuliere-ment

ment connoiftre, quel eft fon naturel, & avec combien de hardieffe & d'affeurance on s'en peut
fervir, & la tourner & difpofer à
fes deffeins. Ceux qui en ont fait
la plus entiere & la plus particuliere defcription, la reprefentent
à bon droit comme une befte à
plufieurs teftes, vagabonde, er-
rante, folle, étourdie, fans conduite, fans efprit, ny jugement. Et
en effet fi l'on prend garde à fa
raifon, Palingenius dit, que

[1] *Iudicium vulgi infulfum, imbecilla-*
que mens eft. (in Pifcib.)

Si à fes paffions, le même ajoufte,

[2] *Quod furit atque ferit fæviffima*
bellua vulgus. (in Sagitt.)

Si à fes mœurs & façons de fai-
re, [3] *Hi vulgi mores, odiffe præfentia,*

ven-

---

1 Le jugement du commun peuple eft toujours fot, & fon entendement foible. 2 Que
la populace eft une tres-cruelle befte, & qu'elle devient furieufe & frape le plus fouvent.
3 Voicy les mœurs du menu peuple, haïr les
chofes prefentes, defirer les futures, & celebrer
celles qui font paffées.

ventura cupere, præterita celebrare. Si
à toutes ſes autres qualitez, Sa-
luſte nous la repreſente, * *ingenio*
mobili, ſeditioſam, diſcordioſam, cu-
pidam rerum novarum, quieti & otio
adverſam. Mais moy je paſſe plus
outre, & dis qu'elle eſt inferieu-
re aux beſtes, pire que les beſtes,
& plus ſotte cent fois que les
beſtes mêmes ; car les beſtes
n'ayant point l'uſage de la raiſon,
elles ſe laiſſent conduire à l'inſtinct
que la Nature leur donne pour
regle de leur vie, actions, paſſions
& façons de faire, dont elles ne ſe
departent jamais, ſinon lors que
la méchanceté des hommes les
en fait ſortir. Là où le peuple
(j'entens par ce mot le vulgaire
ramaſſé, la tourbe & lie populaire, gens ſous quelque couvert que
ce ſoit de baſſe, ſervile, & mecha-
nique condition) eſtant doüé de
la

---

* D'un naturel inconſtant, ſeditieuſe, que-
relleuſe, convoiteuſe de choſes nouvelles, &
ennemie du repos & de la tranquillité.

la raifon ; il en abufe en mille fortes, & devient par fon moyen le
Theatre où les Orateurs, les Predicateurs, les faux Prophetes, les
impofteurs, les rufez politiques,
les mutins, les feditieux, les dé-
pitez, les fuperftitieux, les ambitieux, bref tous ceux qui ont
quelque nouveau deffein, reprefentent leurs plus furieufes & fanglantes tragedies. Auffi fçavons
nous que cette populace eft com-
parée à une mer fujette à toutes
fortes de vents & de tempeftes:
au Cameleon qui peut recevoir
toutes fortes de couleurs excepté
la blanche; & à la fentine & cloa-
que dans laquelle coulent toutes
les ordures de la maifon. Ses plus
belles parties font d'eftre incon-
ftante & variable, approuver &
improuver quelque chofe en même temps, courir toujours d'un
contraire à l'autre, croire de le-
ger, fe mutiner promptement,
tou-

toujours gronder & murmurer :
bref tout ce qu'elle penſe n'eſt
que vanité , tout ce qu'elle dit eſt
faux & abſurde , ce qu'elle im-
prouve eſt bon , ce qu'elle approu-
ve mauvais , ce qu'elle loüe infame , & tout ce qu'elle fait & entreprend n'eſt que pure folie. Auſſi
eſt-ce ce qui a fait dire à Seneque,
(*de vita B. cap. 2.*) [1] *Non tam bene
cum rebus humanis geritur ut meliora
pluribus placeant : argumentum peſſimi
eſt turba.* Et le même ne donne autre avis pour connoiſtre les bonnes
opinions & comme parle le Poëte
Satyrique , [2] *quid ſolidum crepet ,* ſinon de ne pas ſuivre celle du peuple , [3] *Sanabimur ſi modo ſeparemur
à cœtu.* Que Poſtel luy perſuade
que

---

1 Les choſes humaines n'ont pas tant de
bonne fortune , que les plus ſaines & les
meilleures ſoient agreables au plus grand
nombre : La foule eſt ordinairement une marque du peu de prix que valent les choſes.
2 Qu'eſt-ce qu'il y a de ſolide. 3 Nous ſe-
rons gueris pourveu que nous nous ſeparions
de la foule.

que Jefus-Chrift n'a fauvé que les hommes, & que fa mere Jeanne doit fauver les femmes, il le croira foudain. Que David George fe dife fils de Dieu, il l'adorera. Qu'un tailleur enthoufiafte & fanatique contrefaffe le Roy dans Munfter, & dife que Dieu l'a deftiné pour chaftier toutes les Puiffances de la terre, il luy obeïra & le refpectera comme le plus grand Monarque du monde. Que le Pere Domptius luy annonce la venuë de l'Antechrift, qu'il eft âgé de dix ans, qu'il a des cornes, il témoignera de s'en effrayer. Que des impofteurs & Charlatans fe qualifient freres de la Rofe-Croix, il courra aprés eux. Qu'on luy rapporte que Paris doit bien-toft abifmer, il s'enfuira. Que tout le monde doit eftre fubmergé, il baftira des Arches & des bafteaux de bonne heure pour n'eftre pas furpris. Que la mer fe doit fecher & que des chariots pourront aller de Ge-

Genes à Jerusalem , il se preparera
pour faire le voyage. Qu'on luy
conte les fables de Melusine, du
sabat des sorcieres, des loups ga-
roux, des lutins, des fées, des
Paredres, il les admirera. Que la
matrice tourmente quelque pauvre fille , il dira qu'elle est posse-
dée , ou croira à quelque Prestre
ignorant ou méchant , qui la fait
passer pour telle. Que quelque Al-
chimiste , Magicien , Astrologue,
Lulliste , Cabaliste, commencent
un peu à la cajoller, il les prendra
pour les plus sçavans, & pour les
plus honnestes gens du monde.
Qu'un Pierre l'Hermite vienne
prescher la croisade, il fera des reliques du poil de son mulet. Qu'on
luy dise en riant qu'une Canne
ou un Oison sont inspirées du
S. Esprit, il le croira serieusement.
Que la peste ou la tempeste ruine
une province, il en accusera soudain des graisseurs ou Magiciens.

Bref

Bref fi on le trompe & befle aujourd'huy, il fe lairra encore furprendre demain, ne faifant jamais
profit des rencontres paffez, pour
fe gouverner dans les prefentes ou
futures; & en ces chofes confiftent
les principaux fignes de fa grande foibleffe & imbecillité. Pour
ce qui eft de fon inconftance, nous
en avons un bel exemple dans les
Actes des Apoftres en ce que les
habitans de Lyftrie & de Derben,
n'eurent pas plutoft apperceu S.
Paul & S. Barnabé, que [1] *levaverunt*
vocem fuam Lycaonicé dicentes; Dii fi-
miles facti hominibus defcendunt ad nos,
& vocabant Barnabam Iovem, Paulum
quoque Mercurium; & neanmoins
incontinent aprés voila que [2] *la-*
pidantes Paulum, traxerunt eum extra
civitatem, exiftimantes mortuum effe.
Les

[1] Ils éleverent leur voix & dirent en langue
Lycaonienne: Les Dieux font defcendus vers
nous fous la forme d'hommes: Et ils appel-
loient Barnabé Jupiter, & Paul Mercure.
[2] Ayant lapidé Paul, ils le traifnerent hors de
la ville croyant qu'il fuft mort,

Les Romains adorent le matin
Seianus, & le ſoir

[1] *Ducitur unco*

Spectandus. (Juven. Sat. 10.)
Les Pariſiens en font de même du
Marquis d'Ancre, & aprés avoir
déchiré la robe du Pere à Jeſus
Maria, pour en conſerver les pieces comme reliques, ils le befflent,
& s'en mocquent deux jours
aprés. Que s'il entre en colere, ce
ſera comme le jeune homme de
Horace, lequel

[2] *Iram*

Colligit & ponit temerè, & mutatur
in horas. (ad Piſon.)
S'il rencontre quelque homme
d'autorité lors qu'il eſt en ſa plus
boüillante mutinerie & ſedition,
il s'enfuira & abandonnera tout;
s'il ſe preſente quelque gueux te-
meraire, ou hardy qui luy re-

L   mette,

---

1 Il eſt traîné avec un croc pour ſervir de
ſpectacle au peuple. 2 Se courrouce & s'ap-
paiſe facilement, & change à toute heure.

mette, comme on dit communé-
ment, le cœur au ventre, & le feu
aux étoupes, il reviendra plus
furieux qu'auparavant ; bref nous
luy pouvons particulierement at-
tribüer ce que difoit Seneque (*de
vita B. cap. 28.*) de tous les hommes, * *fluctuat, aliud ex alio com-
prehendit, petita relinquit, relicta re-
petit, alterna inter cupiditatem fuam,
& pœnitentiam vices funt.* Or dautant que la force gift toujours de
fon cofté, & que c'eft luy qui
donne le plus grand branle à tout
ce qui fe fait d'extraordinaire
dans l'Eftat, il faut que les Princes ou leurs Miniftres s'eftudient
à le manier & perfuader par belles paroles, le feduire & tromper
par les apparences, le gagner &
tour-

---

* Il eft toujours en doute, il fait toujours
de nouveaux deffeins, il quitte ce qu'il avoit
demandé, & il redemande auffi-toft ce qu'il
vient de quitter: le defir & le repentir commandent chez luy tour à tour, & poffedent
l'un aprés l'autre la domination de fon ame.

tourner à ſes deſſeins par des predicateurs & miracles ſous pretexte
de ſainteté, ou par le moyen des
bonnes plumes, en leur faiſant faire
des livrets clandeſtins, des manifeſtes, apologies & declarations
artiſtement compoſées pour le
mener par le nez, & luy faire approuver ou condamner ſur l'eti-
quete du ſac tout ce qu'il contient.

Mais comme il n'y a jamais eu
que deux moyens capables de
maintenir les hommes en leur devoir, ſçavoir la rigueur des ſupplices établis par les anciens legiſlateurs pour reprimer les crimes,
dont les juges pouvoient avoir
connoiſſance; & la crainte des
Dieux & de leur foudre, pour empeſcher ceux dont par faute de témoins ils ne pouvoient eſtre ſuffi-
ſamment informez, conformé-
ment à ce que dit le Poëte Palingenius: (*in Libra.*)

L 2 * *Semi-*

* *Semiferum vulgus franandum eſt*
relligione
Pœnarumque metu, nam fallax at-
que malignum
Illius ingenium eſt ſemper, nec ſponte
movetur
Ad rectum.

Auſſi les mêmes Legiſlateurs ont
bien reconnu, qu'il n'y avoit rien
qui dominaſt avec plus de violence les eſprits des peuples que
ce dernier, lequel venant à ſe trouver en butte de quelque action, il
porte ſoudain toute la pourſuite
que l'on en peut faire à l'extremité ; la prudence ſe change en paſſion, la colere, s'il y en a tant ſoit
peu, ſe tourne en rage, toute la
conduite s'en va en confuſion, les
biens mêmes & la vie ne ſe mettent pas en conſideration, s'il les
faut

---

* C'eſt par la religion & par la crainte des
ſupplices, qu'il faut brider la populace à demy
ſauvage, car ſon eſprit eſt toujours trompeur
& malin, & de ſoi-même ne ſe porte point à
ce qui eſt droit.

faut perdre pour defendre la divinité de quelque dent de ſinge, d'un bœuf, d'un chat, d'un oignon, ou de quelque autre idole encore plus ridicule, [1] *nulla ſiquidem res efficacius multitudinem movet quàm ſuperſtitio.* (Q. Curt. l. 4.) Et en effet ç'a toujours eſté le premier maſque que l'on a donné à toutes les ruſes & tromperies pratiques aux trois differences de vie, auſquelles nous avons déja dit, que l'on pouvoit rapporter les Coups d'Eſtat. Car pour ce qui eſt de la Monaſtique, nous avons l'exemple dans S. Hierôme (*epiſt.* 13. *lib.* 2.) de ces vieux moines de la Thebaïde, qui [2] *dæmonum contra ſe pugnantium portenta fingunt, ut apud imperitos & vulgi homines miracula ſui faciant & lucra ſe-*

L 3   *ctentur.*

---

[1] Il n'y a rien qui faſſe agir plus efficacement la populace, que la ſuperſtition. [2] Feignent des monſtres & Demons qui ſe batent contre eux, pour perſuader leurs miracles aux idiots & au menu peuple, & pour aquerir du bien.

dentur. A quoy nous pouvons rapporter la tromperie que firent les
preftres du Dieu Canopus, pour
le rendre fuperieur au feu qui
eftoit le Dieu des Perfes ; l'invention du Chevalier Romain Monde, pour jouïr de la belle Pauline
fous le nom d'Efculape, les vifions
fuppofées des Jacobins de Berne,
& les fauffes apparitions des Cor-
deliers d'Orleans, qui font toutes
trop communes & triviales pour
en faire icy un plus long recit.
Que fi l'on doute qu'il ne fe com-
mette un pareil abus dans l'œconomie, il ne faut que lire ce que
Rabby Mofes écrit des Preftres de
l'Idole Thamuz ou Adonis, qui
pour augmenter leurs offrandes,
le faifoient bien fouvent pleurer
fur les iniquitez du peuple, mais
avec des larmes de plomb fondu,
au moyen d'un feu qu'ils allu-
moient derriere fon image ; &
certes il n'y aura plus d'occafion
d'en

d'en douter , aprés avoir leu dans
le dernier Chapitre de Daniel,
comme en couvrant de cendres le
pavé de la Chapelle de l'Idole Bel,
il découvrit que les Prestres avec
leurs femmes & enfans venoient
enlever de nuict par des con-
duits sousterrains, tout ce que le
pauvre peuple abusé croyoit estre
mangé par ce Dieu qu'ils ado-
roient sous la figure d'un dragon. Finalement pour ce qui est
de la Politique, il faut un peu s'y
étendre davantage, puis que c'est
nostre principal dessein, & montrer en quelle façon les Princes ou
leurs Ministres, * *quibus quæstui sunt*
capti superstitione animi, (Livius l.4.)
ont bien sceu ménager la Reli-
gion, & s'en servir comme du plus
facile & plus asseuré moyen, qu'ils
eussent pour venir à bout de leurs
entreprises plus relevées. Je trouve

L 4   donc-

---

* Qui font leur profit des esprits adonnés
à la bigoterie.

doncques qu'ils en ont usé en cinq façons principales, sous lesquelles par aprés on en peut rapporter beaucoup d'autres petites. La premiere & la plus commune & ordinaire est celle de tous les Legislateurs & Politiques, qui ont persuadé à leurs peuples, d'avoir la communication des dieux, pour venir plus facilement à bout de ce qu'ils avoient la volonté d'executer : comme nous voyons qu'outre ces anciens que nous avons rapportez cy-dessus, Scipion voulut faire croire qu'il n'entreprenoit rien sans le Conseil de Jupiter Capitolin, Sylla que toutes ses actions estoient favorisées par Apollon de Delphe, duquel il portoit toujours une petite image; & Sertorius que sa biche luy apportoit les nouvelles de tout ce qui estoit conclu dans le concile des Dieux. Mais pour venir aux Histoires qui nous sont plus voisines,

il

il eft certain que par de femblables moyens Jacques Buffularius domina quelque temps à Pavie , Jean de Vicence à Boulogne , & Hierôme Savanarole à Florence , duquel nous avons cette remarque dans Machiavel : (fur T. Liv.) *Le peuple de Florence n'eft pas befte , auquel neanmoins F. Hierôme Savanarole a bien fait croire qu'il parloit à Dieu.* Il n'y a pas plus de foixante ans que Guillaume Poftel en voulut faire de même en France , & depuis peu encore Campanelle en la haute Calabre : mais ils n'en purent venir à bout, non plus que les precedens , pour n'avoir pas eu la force en main ; car comme dit Machiavel , cette condition eft neceffaire à tous ceux qui veulent établir quelque nouvelle Religion. Et en effet ce fut par fon moyen que le Sophi Ifmaël , ayant par l'avis de Trefchel Cufelbas introduit une nouvelle fecte

en

en la religion de Mahomet, il
ufurpa en fuite l'Empire de Perfe,
& il arriva prefque en même
temps, que l'Hermite Schacocu-
lis, aprés avoir bien joüé fon perfonnage l'efpace de fept ans dans
un defert, leva enfin le mafque,
& s'eftant declaré autheur d'une
nouvelle fecte, il s'empara de plufieurs villes, defit le Bafcha d'A-
natolie, avec Corcut fils de Bajazet, & eut bien paffé plus outre,
s'il n'euft irrité par le fac d'une
caravane le Sophi de Perfe, qui
le fit tailler en pieces par fes foldats. Lipfe met encore avec ceux-
cy un certain Calender, qui par
une devotion fimulée ébranla
toute la Natolie, & tint les Turcs
en cervelle, jufques à ce qu'il fuft
défait en une bataille rangée; &
un Ifmaël Africain qui prit cette
voye pour ravir le fceptre à fon
maiftre le Roy de Maroc.

La feconde invention de laquelle

quelle ont uſé les Politiques pour
ſe prevaloir de la religion parmy les peuples, a eſté de feindre
des miracles, controuver des ſonges, inventer des viſions, & produire des monſtres & des pro-
diges :

> ** Quæ vitæ rationem vertere poſ-*
> *ſent,*
> *Fortunaſque omnes magno turbare*
> *timore.*

Ainſy voyons nous qu'Alexandre
ayant eſté aviſé par quelque Medecin d'un remede ſouverain contre les fleſches empoiſonnées de
ſes ennemis, il fit croire que Jupiter le luy avoit revelé en ſonge :
& Veſpaſian attitroit des perſonnes qui feignoient d'eſtre aveugles
& boiteuſes, afin qu'il les gueriſt
en les touchant ; c'eſt auſſi pour
cette raiſon que Clovis accompa-
gna ſa converſion de tant de mira-

L 6 cles ;

---

* Qui puſſent changer la façon de vivre,
& troubler toutes les fortunes par une grande
crainte.

cles ; que Charles Sept augmenta
le credit de Jeanne la Pucelle, &
l'Empereur d'apresent celuy du
Pere à Jesus Maria ; sous esperance peut-estre de gagner encore
quelque bataille non moindre que
celle de Prague.

La troisiéme a pour fondement
les faux bruits, revelations, &
propheties, que l'on fait courir à
dessein pour épouvanter le peuple, l'étonner, l'ébranler, ou bien
pour le confirmer, enhardir &
encourager, suivant que les occasions de faire l'un ou l'autre se pre-
sentent. Et à ce propos Postel remarque, que Mahomet entretenoit
un fameux Astrologue, qui ne faisoit autre chose que prescher une
grande revolution, & un grand
changement qui se devoit faire,
tant en la religion, qu'en l'Empire,
avec une longue suite de toutes sortes de prosperitez, afin de frayer par
cette invention le chemin au même

me Mahomet, & preparer les peuples à recevoir plus volontiers la religion qu'il vouloit introduire, & par même moyen intimider ceux qui ne la voudroient pas approuver, par le foupçon qu'ils pouvoient avoir de combattre contre l'ordre des deftinées, en s'oppofant à ce nouveau favory du Ciel, celuy-là eftant toujours le plus avantagé,

* Cui militat æther

Et conjurati veniunt ad claſſica venti.

Ce fut par le moyen de ces folles creances que Ferdinand Cortez occupa le Royaume de Mexique, où il fut receu comme s'il euft efté le Topilchin, que tous les devins avoient predit devoir bientoft arriver. Et François Pizarre dans celuy du Perou, où il entra avec le general applaudiffement de tous les peuples, qui le pre-

L 7 noient

* Pour qui le ciel combat, & les vents d'un commun accord vienent au fon de fes trompettes.

noient pour celuy que le Viracoca
devoit envoyer pour delivrer leur
Roy de la captivité. Charlemagne
même penetra bien avant dans
l'Espagne au moyen d'une vieille
idole, qui comme les devins a-
voient preveu laissa tomber une
grosse clef qu'elle tenoit en la
main; & les Alarbes ou Sarasins
venant sous la conduite du Comte Julian, à inonder le même
Royaume d'Espagne, on ne tint
presque conte de les repousser,
parce qu'on avoit veu quelque
temps auparavant leurs faces de-
peintes sur une toile qui fut trouvée dans un vieil Chasteau proche
la ville de Tolede, où l'on croyoit
qu'elle avoit esté enfermée par
quelque grand Prophete. Et j'ose
bien dire avec beaucoup d'Historiens, que sans ces belles predictions, Mahomet II n'auroit
pas si facilement pris la ville de
Constantinople. Mais veut-on un
exem-

exemple plus remarquable, que
celuy qui arriva en l'an M DC
XIII, au ſujet d'Aſcoſta Cité
principale de l'Iſle de Magna, laquelle eſtant revoltée contre le
Sophi, elle fut priſe ſans beaucoup de difficulté par ſon Lieutenant Arcomat, & ce en vertu
d'une certaine prophetie receuë
par tradition entre les citoyens,
qui diſoit que ſi cette ville ne ſe
rendoit à Arcomat, elle ſeroit Ar-
comatée, c'eſt à dire que ſi elle
ne ſe rendoit à *Diſſipe* elle ſeroit
diſſipée, encore que ſi elle euſt
voulu ſe defendre, elle n'euſt peut-
eſtre pas eſté priſe, veu qu'au rapport de Garcias *ab Horto* Medecin
Portugais, qui y avoit eſté trente
ou quarante ans auparavant, elle
contenoit cinq lieuës de tour,
cinquante mille feux, & rendoit
au Sophi quinze millions ſix cens
mille eſcus chaque année de re-
venu aſſeuré. C'eſt doncques un
grand.

grand chemin ouvert aux Politiques pour tromper & seduire la fotte populace, que de se servir de ces predictions pour luy faire craindre ou esperer, recevoir ou refuser tout ce que bon luy semblera.

Mais celuy d'avoir des Predicateurs & de se servir d'hommes bien-disans est encore beaucoup plus court & plus asseuré, n'y ayant rien dequoy l'on ne puisse facilement venir à bout par ce stratageme. La force de l'eloquence & d'un parler fardé & industrieux, coule avec tel plaisir dans les oreilles, qu'il faut estre sourd, ou plus fin que Ulysses, pour n'en estre pas charmé; Aussi est-il vray, que tout ce que les Poëtes ont écrit des douze labeurs d'Hercules, trouve sa mythologie dans les differents effets de l'eloquence, par le moyen de laquelle ce grand homme venoit à bout de tou-

toutes ſortes de difficultez ; c'eſt pourquoy les anciens Gaulois eurent bonne raiſon de le repreſenter avec beaucoup de petites chaiſnes d'or qui ſortoient de ſa bouche, & s'alloient attacher aux oreilles d'une grande multitude de perſonnes qu'il trainoit ainſi enchainée aprés ſoy. Ce fut encore par ce moyen que

Sylveſtres homines ſacer interpreſque deorum,

Cædibus & viĉtu ſœdo deterruit Orpheus,

Diĉtus ob hoc lenire Tygres, rabidoſque Leones. (Horat. de Art. poët.)

Et par la même raiſon Philippe Roy de Macedoine, l'un des grands Politiques qui ait jamais eſté, & qui ſçavoit fort bien que

omnia

---

* Le divin Orphée interprete des Dieux a retiré du meurtre & de la barbarie les hommes ſauvages ; ce qui luy a donné le bruit d'avoir trouvé l'invention d'adoucir les Tygres & les Lyons furieux.

* *omnia summa ratione gesta etiam fortuna sequitur*, (T. Liv.) ne se soucioit point de combattre ouvertement & à main forte contre les Atheniens, veu qu'il luy estoit plus facile de les surmonter par l'eloquence de Demosthenes, & par les resolutions prejudiciables qu'il faisoit passer au Senat. Pericles s'aidoit pareillement du beau parler d'Ephialte, pour rendre le même Estat des Atheniens du tout populaire; & c'est pour cette raison que l'on disoit anciennement, que les Orateurs avoïent le même pouvoir sur la populace que les vents ont sur la mer. Aprés quoy s'il faut aussi parler de nostre France, ne sçait-on pas que cette fameuse Croisade entreprise avec tant de zele par Godefroy de Boüillon, fut persuadée & concluë par les harangues & predications d'un
sim-

---

* La fortune accompagne tout ce qu'on fait avec un grand raisonnement.

ſimple homme ſurnommé Pierre
l'Hermite, comme la ſeconde par
celles de Saint Bernard; Quoy plus
y eut-il jamais un meurtre plus
meſchant, & plus abominable que
celuy de Louys Duc d'Orleans
fait l'an 1407, par le Duc de Bourgogne ? Neanmoins il ſe trouva
Maiſtre Jean Petit Theologien &
grand Predicateur, qui le ſceut ſi
bien pallier, couvrir & déguiſer
par les ſermons qu'il fit à Paris
dans le parvis de Noſtre-Dame,
que tous ceux qui vouloient par
aprés ſouſtenir le party de la Maiſon d'Orleans eſtoient tenus par
le peuple pour mutins & rebel-
les; ce qui les contraignit d'uſer
du même artifice que leur ennemy, & de ſe mettre ſous la protection de ce grand homme de
bien Jean Gerſon, qui entreprit
leur defenſe, & fit declarer au
Concile de Conſtance la propoſition tenuë par Petit, pour heretique

que & erronée. Mais comme ce
Jean Petit avoit esté cause d'un
grand mal sous Charles VI, il y
eut un frere Richard Cordelier
sous Charles VII, qui fut aussi
cause d'un grand bien ; car en dix
predications de six heures chacune qu'il fit dans Paris, il fit jetter
dans des feux allumez tout exprés
aux carrefours, tout ce qu'il y
avoit de tables, tabliers, cartes,
billes, billards, dez, & autres jeux
de fort ou de chance, qui portent & violentent les hommes à
jurer & blaspheiner : mais ce bon
homme ne fut pas fi-tost sorti de
Paris qu'on commença à le mépri-
ser & à le gausser ouvertement,
& le peuple retourna avec plus
d'application qu'auparavant, à ses
divertissemens ordinaires : ne plus
ne moins que les metamorphoses
étranges, & les conversions, s'il
faut ainsi dire, miraculeuses que
faisoit, il n'y a pas vingt ans, le
Pe-

Pere Capucin *Giacinto da Cafale*
par toutes les villes d'Italie où il
prefchoit, ne duroient qu'autant
de temps que ledit Pere y demeu-
roit pour y exercer les fonctions
de cette charge. Que fi nous def-
cendons au regne de François Premier, nous y verrons cette grande
& furieufe bataille de Marignan,
donnée avec tant d'obftination &
& d'animofité par les Suiffes,
qu'ils combattirent deux jours
entiers, & fe firent prefque tous
étendre fur la place, fans neanmoins en avoir eu d'autre fujet
plus preffant que la Harangue
que leur fit le Cardinal de Sion
nommé dans Paul Jove (*in elog.*)
* *Sedunenfis Antiftes*; car aprés l'avoir
entendu haranguer, ils fe refolu-
rent de combattre, livrerent la
bataille, & contefterent la victoire jufques à la derniere goutte de
leur fang. Nous y verrons auffi
comme

* Prelat de Sion.

comme Monluc Evêque de Va-
lance, fut envoyé vers les Venitiens pour legitimer par ſes belles
paroles, le ſecours que ſon Maiſtre
faiſoit venir de Turquie pour ſe
defendre contre l'Empereur Charles V, & lors que la S. Barthelemy fut faite, le même Monluc
& Pibrac, travaillerent ſi bien de
la plume & de la langue, que cette
grande execution ne put détourner, comme nous l'avons déja
remarqué, les Polonois, quoy
que inſtruits particulierement de
tout ce qui s'y eſtoit paſſé par les
Calviniſtes, de choiſir Henry III
pour leur Roy, au prejudice de
tant d'autres Princes qui n'avoient
rien épargné pour venir à bout
de leurs pretentions. Ne fut-ce pas
auſſi une choſe remarquable, que
le premier ſiege de la Rochelle,
fut mieux ſouſtenu par les conti-
nuelles predications de quarante
Miniſtres qui s'y eſtoient refu-
giez,

giez, que par tous les Capitaines
& Soldats dont elle estoit assez
bien fournie? Et du temps que
les Parisiens mangeoient les Chiens
& les Rats pour n'obeïr pas à un
Roy heretique, n'estoit-ce pas
Boucher, Rose, Wincestre, &
beaucoup d'autres Curez qui les
entretenoient en cette resolution?
Certes il est tres-constant que si
le Ministre Chamier n'eust esté
emporté d'un coup de canon sur
les bastions de Montauban, cette
ville n'auroit peut-estre pas donné moins de peine à prendre que
la Rochelle. Et lors que Campanelle eut dessein de se faire Roy
de la haute Calabre, il choisit tres
à propos pour compagnon de son
entreprise, un frere Denys Pon-
tius, qui s'estoit acquis la reputation du plus eloquent, & du
plus persuasif homme qui fust de
son temps. Aussi voyons nous
dans l'ancien Testament que Dieu
vou-

voulant delivrer fon peuple par
le moyen de Moyfe, qui n'eftoit
bon qu'à commander, à caufe
qu'il eftoit begue & homme de
fort peu de paroles, il luy en-
joignit de fe fervir de l'eloquence de fon frere Aaron. [1] *Aaron*
frater tuus levites, fcio quod eloquens
fit, loquere ad eum, & pone verba mea
in ore ejus, (Exodi cap. 4.) & un
peu aprés il repete encore, [2] *ecce*
conftitui te Deum Pharaonis, & Aaron
frater tuus erit Propheta tuus, tu lo-
queris ei omnia quæ mandabo tibi, &
ille loquetur ad Pharaonem. (cap. 7.)
C'eft ce que les Payens vrais Sin-
ges de nos Myfteres, ont depuis
voulu reprefenter par leur Pallas
Deeffe des fciences & de l'eloquence, laquelle neanmoins eftoit
armée de la lance, bouclier, &
bour-

1 Je fçay que ton frere Aaron le Levite eft
eloquent, parle à luy, & luy mets mes paroles
en fa bouche. 2 Voicy, je t'ay établi Dieu
fur Pharaon, & ton frere Aaron fera ton Prophete; tu luy diras tout ce que je t'ordonne-
ray, & il le dira lui-même à Pharaon.

bourguignote, pour monſtrer que
les armes ne ſçauroient beaucoup
avancer ſans l'eloquence, ny l'eloquence ſans les armes. Or dautant que cette liaiſon & aſſembla-
ge de deux ſi differentes qualitez, ne ſe peut que fort rarement
trouver en une même perſonne,
comme a fort bien monſtré Virgile par l'exemple de Drances,

    * *Cui lingua melior, ſed frigi-*
      da bello

Dextra.

Cela a eſté cauſe, que les plus
grands Capitaines ont toujours ob-
ſervé pour ſuppléer à ce defaut,
d'avoir à leur ſuite, ou de ſe join-
dre d'affection avec quelqu'un
aſſez puiſſant, pour ſeconder par
l'effort de ſa langue celuy de leur
épée : Ninus par exemple ſe ſervit de Zoroaſtre, Agamemnon de
Neſtor, Diomedes d'Ulyſſe, Pyr-
        M   rhus

---

* Qui a la langue bonne, mais ſes mains
ſont froides au combat.

rhus de Cynée, Trajan de Pline
le Jeune, Theodoric de Cassiodore; & le même se peut ainsi dire de tous les grands guerriers
qui n'ont pas moins que les precedens caressé cette ¹ *Venus verti-*
cordia , & n'ont pareillement igno-
ré, que

   ² *Cultus habet sermo & sapiens mi-*
    rabile robur ,
   Imperat affectus varios, animumque
    gubernat.

Pour moy je tiens le discours si
puissant, que je n'ay rien trouvé
jusques à cette heure , qui soit
exempt de son empire , c'est luy
qui persuade , & qui fait croire
les plus fabuleuses religions, qui
suscite les guerres les plus ini-
ques , qui donne voile & couleur
aux actions les plus noires, qui
calme & appaise les seditions les
                          plus

---

   1 Venus qui change & tourne les cœurs où
elle veut. 2 Un discours sage & bien poli a
une merveilleuse force, il gouverne l'esprit, &
commande sur des passions diverses.

plus violentes, qui excite la rage
& la fureur aux ames les plus pai-
ſibles ; bref c'eſt luy qui plante
& abat les hereſies, qui fait revolter l'Angleterre & convertir le
Japon,

    * *Limus ut hic dureſcit, & hæc ut ce-*
       ra liqueſcit

Vno eodemque igne. (Virg. Ecl.4.)
Et ſi un Prince avoit douze hommes de telle trempe à ſa devotion,
je l'eſtimerois plus fort, & croi-
rois qu'il ſe feroit mieux obeïr en
ſon Royaume, que s'il y avoit
deux puiſſantes armées. Mais dautant que l'on ſe peut ſervir de l'e-
loquence en deux façons pour
parler ou pour écrire ; il faut encore remarquer que cette ſeconde
partie n'eſt pas de moindre conſequence que la premiere, & j'oſe
dire qu'elle la ſurpaſſe en quelque
façon ; car un homme qui parle

         M 2   ne

---

* Tout ainſi qu'un même feu endurcit la
boüe & fait foudre la cire.

ne peut estre entendu qu'en un lieu & de 3 ou 4000 hommes tout au plus,

* *Gaude quod videant oculi te mille loquentem.*

Là où celuy qui escrit peut declarer ses conceptions en tous lieux, & à toutes personnes. J'ajouste que beaucoup de bonnes raisons échapent souvent aux oreilles par la precipitation de la langue, qui ne peuvent si facilement tromper les yeux quand ils repassent plusieurs fois sur une même chose. Et ce que les armes ne peuvent bien souvent obtenir sur les hommes, ceux-cy le gagnent par une simple declaration ou manifeste. C'est pourquoy François I, & Charles cinq ne se faisoient pas moins la guerre avec leurs lettres & apologies, qu'avec les lances & les épées : & nous avons

* Réjouï-toi de ce qu'il y a mille yeux qui te voient parler.

avons veu de noſtre temps, que
la querelle du Pape & des Venitiens; le debat ſur le ſerment de
fidelité en Angleterre; la faveur
du Marquis d'Ancre & Meſſieurs
de Luyne en France, la guerre
du Palatin en Allemagne, & des
Valtelins en Suiſſe, ont produit
une infinité de libelles autant prejudiciables aux uns que favorables aux autres. Ceux qui ont veu
les merveilleux effets qu'ont produit la Caſſandre & l'Ombre de
Henry le Grand contre le Marquis d'Ancre, le Contadin Pro-
vençal & l'Hermite du mont Va-
lerien, contre Meſſieurs de Luyne; le Mot à l'oreille & la voix
publique, contre le Marquis de la
Vieuville, * *l'Admonitio* même, &
le *Myſteria Politica* de Janſenius,
contre les bons deſſeins de noſtre
Roy. Ceux-là dis-je ne peuvent

M 3

pas

---

* L'advertiſſement & les Myſteres Politiques.

pas douter combien de femblables écrits ont de force. Et Dieu veüille que ceux n'en ayent pas tant contre l'eftat prefent de la France qui font journellement envoyez de Bruxelles, ou qu'il fe trouve des perfonnes affez capables & affectionnées, pour defendre vigoureufement les interefts du Roy contre les mutinez, comme le Pere Paul l'Hermite a courageufement defendu la caufe des Venitiens; & Pibrac & Monluc celle de Charles I X & de Henry III, contre les plus furieufes médifances de tous les Calviniftes.

Mais aprés avoir amplement difcouru de tous ces moyens pour accommoder la Religion aux chofes Politiques, il ne faut pas oublier celuy qui a toujours efté le plus en ufage, & le plus fubtilement pratiqué, qui eft d'entreprendre fous le pretexte de Religion ce qu'aucun autre ne pourroit

roit rendre valable & legitime.
Et en effet le proverbe com-
munément usurpé par les Juifs,
[1] *in nomine Domini committitur omne
malum*, ne se trouve pas moins veritable, que le reproche que fit le
Pape Leon à l'Empereur Theo-
dose, [2] *privatæ causæ pietatis agun-
tur obtentu, & cupiditatum quisque
suarum religionem habet velut pedisse-
quam.* Dequoy puis que les exemples sont si communs que tous
les livres ne sont pleins d'autre
chose, je me contenteray, aprés
avoir assez parlé de nos François,
de m'arrester icy sur les Espagnols & de suivre ponctuellement
ce que Mariana le plus fidele de
leurs Historiens en a remarqué.
Il dit doncques en parlant des premiers Goths, qui occuperent les
Espagnes, & des guerres qu'ils

M 4 fai-

---

[1] Sous le nom de Dieu on commet toute sorte de mal. [2] On traite des affaires privées sous
le pretexte de la religion, qu'un chacun rend
chambriere de ses convoitises.

faifoient pour fe chaffer les uns les
autres, qu'ils fe fervoient de la
Religion comme d'un pretexte
pour regner, & fon refrain ordinaire eft, 1 *optimum fore judicavit
religionis prætextum*, (l. 6. c. 5.) en
parlant du Roy Jofenand qui fe
fit affifter des Bourguignons Ar-
riens pour chaffer le Roy Suinti-
la; & lors qu'il eft queftion des
Roys de Chintila, 2 *cum fpecies religionis obtenderetur*; (c. 6.) comme
auffi décrivant en quelle façon
Ervigius avoit chaffé le Roy
Wamba, 3 *optimum vifum eft religionis fpeciem obtendere*; (c. 7.) &
quand deux freres de la Maifon
d'Arragon 4 *violento imperiofi Pontifi-
çis mandato* (c'eftoit Boniface VIII)
s'armerent l'un contre l'autre, ce
bon Pere remarque fort à propos,
qu'il

---

1 Il jugea que le pretexte de la religion feroit tres-bon. 2 Lors qu'on faifoit parade de
la religion. 3 Il fut trouvé fort bon, de faire
parade de la religion. 4 Par un ordre violent
qu'un Pape imperieux donna.

qu'il n'y avoit rien de plus inhumain, que de violer ainſi les loix de la nature, [1] *ſed tanti fides relioque ſuere* ; (lib. 51. c. 1.) & le même encore parlant de la Navarre, que Ferdinand [2] *immenſa imperandi ambitione*, oſta à ſa propre Niepce, il ajouſté pour excuſe, [3] *ſed ſpecies religionis prætexta faſto eſt, & Pontificis juſſa.* (lib. 25. cap. ult.) Mais parce que ce ne ſeroit jamais fait de vouloir alleguer tous les endroits où ce brave auteur a fait de ſemblables remarques, j'atteſteray tout ſon livre entier qui n'eſt plein d'autre choſe ; & paſſant à Charles V, je produiray contre luy ce que diſoit François I, en ſon apologie de l'an 1537. *Charles veut empieter ſur les Eſtats ſous couleur de Religion.* Et en parlant de la guer-

M 5 re

---

1 Mais la foy & la religion eurent tant de force. 2 Par l'immenſe ambition qu'il avoit de commander à tous. 3 Mais il ſe couvrit du pretexte de la religion, & des ordres du Pape.

re d'Allemagne, *l'Empereur sous cou-*
leur de religion armé de la ligue des
Catholiques, veut opprimer l'autre &
se faire le chemin à la Monarchie,
Ce qui fut aussi fort bien remarqué par Monsieur de Nevers au
passage que nous avons allegué
cy-dessus. Finalement lors que
le feu Roy Jacques fut appellé à la Couronne d'Angleterre, le
Roy d'Espagne se hasta de noüer
une étroitte alliance avec luy, le
Connestable de Castille y fut envoyé, la relation en a esté im-
primée, & Rovida Senateur de
Milan appelle cette alliance une
œuvre tres-sainte, reconnoist le
Roy d'Angleterre pour un tres-
saint Prince Chrestien, luy offre
de la part du Roy son Maistre
toutes ses forces par mer & par
terre, & proteste que le Roy
d'Espagne le fait * *divinâ admoni-*
tione,

* Par un avertissement divin, par la volonté divine, par l'assistance divine, & comme par une grande grace de Dieu.

tione, divinâ voluntate, divinâ ope , non nisi magno Dei beneficio. Puis doncques que le naturel de la plûpart des Princes est de traitter de la religion en Charlatans, & de s'en servir comme d'une drogue , pour entretenir le credit & la reputation de leur theatre , on ne doit pas, ce me semble , blâmer un Politique , si pour venir à bout de quelque affaire importante , il a recours à la même industrie, bien qu'il soit plus honneste de dire le contraire , & que pour en parler sainement ,

* *Non sunt hæc dicenda palam , prodendaque vulgo ,*

Quippe hominum plerique mali , plerique scelesti. (Palingen. in Libra.)

Toutes ces maximes neanmoins demeureroient sans lustre, & sans

M 6 éclat,

---

* On ne doit point découvrir ny reveler de telles choses au menu peuple , veu que parmy les hommes il y en a tant de méchants & de scelerats.

éclat, fi elles n'eftoient rehauſ-
ſées, & comme animées d'une
autre, qui nous enſeigne de les
prendre par le bon biais, & de
bien choiſir l'heure & le temps
favorable pour les mettre en execution,

* *Data tempore proſunt,*
Et data non apto tempore multa no-
cent.

Et encore n'eſt-ce pas aſſez d'a-
voir acquis cette prudence ordinaire & commune à beaucoup de
Politiques, fi nous ne paſſons à
une autre encore plus rafinée, &
qui eſt ſeulement propre aux plus
ruſez & experimentez Miniſtres,
pour ſe prevaloir des occaſions
fortuites, & tirer profit & avantage de ce qui auroit eſté negligé
de quelque autre, ou qui peut-
eſtre

---

* Les choſes qu'on applique opportuné-
ment, profitent & reüſſiſſent bien; mais il y
en a beaucoup qui ſont fort nuiſibles, quand
elles ne ſont pas appliquées en un temps propre.

estre luy auroit porté prejudice.
Telle fut l'occasion de cette grande eclipse qui arriva sous l'Empereur Tibere, lors que toutes les legions de Hongrie estoient si fierement revoltées, qu'il n'y avoit quasi aucune apparence de les pouvoir appaiser ; car un autre moins avisé que Drusus eust negligé cette occasion, & n'eust jamais pensé d'en pouvoir tirer quelque avantage; mais luy voyant que les mutins avoient conceu une grande frayeur de cette obscurité, parce qu'ils n'en sçavoient pas la cause, il prit l'occasion aux cheveux, & les intimida de telle sorte, qu'il vint à bout par cet accident de ce à quoy tous les autres Chefs, & luy-même auparavant desesperoient de pouvoir donner ordre. Tel fut aussi le stratageme duquel le Roy Tullus couvrit ingenieusement la retraitte de Metius Suffetius, voire même

me

me en tira un avantage nompareil,
faifant courir le bruit & paffer
parole d'efcadron en efcadron,
qu'il l'avoit envoyé pour furprendre fes ennemis, & leur ofter
tout moyen de retraite : En fuite de quoy je m'étonne bien fort,
comme T. Live & Corneille Tacite, qui rapportent ces deux Hiftoires, fe font contentez d'en tirer des conclufions particulieres,
& que le premier ait feulement
dit, ¹ *Stratagema eft, quæ in certa-*
mine à transfugis noftris perfide fiunt,
ea dicere fieri noftro juffu; & l'autre,
² *In commoto populo fedando, conver-*
tenda in fapientiam & occafionem mi-
tigationis, quæ cafus obtulit, & quæ
populus ille pavet aut obfervat etiam
fuper-

---

¹ C'eft un ftratageme, que de dire, que ce
que nos transfuges font perfidement pendant
le combat, fe fait par noftre ordre. ² Pour
appaifer l'émotion d'un peuple, il faut tourner
en fageffe & en occafion de l'addoucir les chofes que le cas fortuit prefente, & celles dont ce
peuple s'épouvante, ou qu'il obferve avec fuperftition.

superstitiosè, veu qu'il falloit tout d'un coup en tirer cette regle generale, [1] *qua casus obtulit in sapientiam vertenda*, puis que non seulement aux trahisons, & aux mutineries, mais en toutes autres sortes d'affaires & de rencontres, [2] *mos est hominibus*, comme dit Cassiodore, *occasiones repentinas ad artes ducere.* Ainsi lisons nous que Christophle Colomb, aprés avoir supputé le temps auquel une grande eclipse devoit arriver, il menaça certains habitans du nouveau Monde, de convertir la Lune en sang, & de la leur oster entierement, s'ils ne luy fournissoient les rafraischissemens dont il avoit besoin, & qui luy furent incontinent envoyez, dés aussi-tost que l'eclipse commença de paroistre. J'ay remarqué cy-dessus que Ferdinand

1 Il faut tourner en sagesse les choses que le cas fortuit presente. 2 Les hommes ont accoutumé de mettre en œuvre & se servir artificeusement des rencontres impreveuës.

dinand Cortez fit croire aux habitans de Mexique, qu'il eſtoit
le Dieu Tophilchin, pour entrer
plus facilement dans leur Royaume; & que François Pizarre ſe
ſervant du même ſtratageme en
la conqueſte du Perou, ſe faiſoit
nommer le Viracoca. Ce fut encore par ce moyen que Mahomet changea ſon epilepſie en ex-
taſe, & que Charles V ſe ſervit
de l'hereſie de Luther, pour diviſer & affoiblir les Princes d'Allemagne, qui pouvoient en demeurant unis controller l'autorité qu'il vouloit avoir dans l'Empire, & empeſcher le projet qu'il
avoit dreſſé d'une Monarchie uni-
verſelle. Diſons encore que le
même Empereur, n'ayant plus
l'eſprit & le jugement aſſez fort
pour gouverner un Eſtat ſi grand
qu'eſtoit le ſien, & voyant d'ailleurs que la fortune naiſſante de
Henry II, mettoit des bornes à la
ſienne,

sienne, se mocquoit de son [1] *plus ultra*, & faisoit dire aux Pasquinades,

[2] *Siste pedem Metis, hæc tibi metz datur.*

Il couvrit toutes ces disgraces, du voile de Pieté & de Religion, s'enfermant dans un cloistre, où il eut pareillement la commodité de faire penitence du peché secret, qu'il avoit commis en la naissance d'un fils bastard, qui luy estoit aussi neveu. Ainsi Philippe II, prit sujet de casser tous les Privileges extraordinaires des Arragonois, sur la protection qu'ils voulurent donner à Antonio Perez; & je trouve entre nos Roys de France que Philippe premier augmenta beaucoup son Royaume, & le delivra s'il faut ainsi dire de la Tutele des Maires du Palais, pendant que tous les Princes

[1] Plus outre. [2] Arreste toi à Mets, car c'est là la borne qui t'est donnée.

ces de la France, & fon Frere même eftoient occupez à combattre les Sarrafins, fous la conduite de Godefroy de Boüillon ; & pendant la trofiéme Croifade, on pourroit dire que Philippe Augufte abandonna le Roy Richard d'Angleterre, pour s'en revenir en France broüiller les affaires des Anglois, parce qu'en matiere d'Eftat, * *quædam nifi fallacia vires affumpferint, fidem propofiti non inveniunt, laudemque occulto magis tramite quàm via recta petunt.* (Val. Max. l. 7. cap. 3.)

---

* Il y a de certaines chofes qui ne rencontrent pas la croyance qu'on s'eft propofée, fi elles n'ont pris des forces par le moyen de quelque tromperie, & qui cherchent pluftoft la loüange par quelques fentiers cachez que par des voyes droites.

CHA-

CHAPITRE V.

Quelles conditions sont requises au Ministre avec qui l'on peut concerter les Coups d'Eslat.

L'On me pourra objecter icy que je ne devrois traitter des conditions du Ministre, qu'aprés avoir parlé de celles du Prince, puis que c'est luy qui donne le premier branle & mouvement à tout ce qui est fait dans son Conseil, comme le premier mobile entraine tous les Cieux avec soy, & le Soleil communique sa lumiere à tous les Astres & Planetes : Mais à cela je puis répondre, que les Souverains nous sont donnez ou par succession ou par élection ; or de ces deux moyens le premier suit la nature, à laquelle nous obeïssons ponctuellement, sans restriction ou consideration

tion d'aucune circonſtance voire
même,

> * *Dum pecudes auro , dum murice*
> *veſtit Aſellos.*

Et le ſecond dépend des brigues,
monopoles, & cabales de ceux qui
ſe trouvent les plus riches, & les
plus puiſſans d'amis , de faveurs,
& d'argent, pour ſatisfaire à leur
ambition ; de maniere que ce ſeroit parler en vray pedant, de
propoſer ou de penſer ſeulement,
que les conſiderations de la vertu & des merites, puiſſent avoir
lieu parmy un tel deſordre. Mais
pour ce qui eſt des Miniſtres, on
en peut philoſopher d'autre façon,
parce qu'ils dependent abſolument du choix que le Prince en
peut faire ; luy eſtant permis, voire même bien-ſeant & honorable,
de trier ſoigneuſement d'entre
tous ſes amis ou domeſtiques,
ce-

---

* Quand il reveſt d'or les brebis, & les ânes
de pourpre.

celuy qu'il jugera eftre le mieux conditionné pour le ferieux employ où il le veut mettre, [1] *Sapientiffimum enim dicunt eum effe cui quod opus fit veniat in mentem, proximè accedere, illum qui alterius bene inventis obtemperet.* (Cicero pro Cluentio.) J'ajoufte encore qu'outre l'honneur que le Prince reçoit d'une telle election, il en retire une commodité tres-grande, & fi confiderable, que s'il ne fe veut negliger & abandonner luy-même, il eft prefque neceffité de proceder à cette election, Velleius Paterculus ayant remarqué fort à propos, que [2] *magna negotia magnis adjutoribus egent,* (lib. 2.) & Tacite, que [3] *graviffimi Principis labores queis orbem*

---

[1] Car on appelle le plus fage celuy, à qui vient en la penfée tout ce dont il a befoin, & que celui-là en approche de bien prés qui obeït aux bonnes inventions qu'un autre a trouvées. [2] Les grandes affaires ont befoin de grandes aides. [3] La plus grande peine qu'un Prince puiffe prendre à gouverner le monde, a befoin d'affiftance.

orbem terra capeſſit , egent adminicu-
lis. (12. Annal.) Joint que comme dit fort bien Euripides , σοφὸς
τύῤαννͻ τῶν σοφῶν συνͼσία, * prin-
ceps fit ſapiens ſapientum commercio.
Et en effet les Hiſtoires nous ap-
prennent , que ceux-là ont toujours eſté eſtimez les plus ſages
entre les Princes , qui n'ont rien
fait de leurs teſtes , ny ſans avis
de quelque fidele & aſſeuré Miniſtre ; d'où vient qu'Alexandre
avoit toujours auprés de ſoy Cli-
tus & Epheſtion : qu'Auguſte ne
faiſoit rien ſans l'avis de Mecenas
& d'Agrippa ; que Neron fut le
meilleur des Empereurs pendant
qu'il ſuivit le conſeil de Burrus
& de Seneque ; & pour venir à
ce qui eſt plus de noſtre connoiſſance , Charles V & Philippes II,
ont eu les Sieurs de Chevres , &
Ruy de Gomez pour confidents,
tout

---

* Le Prince ſe rend ſage par le commerce
qu'il a avec les ſages.

tout ainſi que les intimes Conſeillers de Charles VII, furent en divers temps le Comte de Dunois, Louvet Preſident de Provence, Tannegui du Chaſtel, & un Comte de Dammartin. Pour ce qui eſt de ſon fils Louys XI, comme il eſtoit d'un eſprit défiant, variable, & toujours trouble, auſſi changea-t-il pluſieurs fois de ſerviteurs ſecrets & affidez, mais neanmoins il en avoit toujours quelqu'un à qui il ſe communiquoit plus librement qu'aux autres, témoin le Cardinal Balluc, Philippes de Comines, & ſon Medecin Cottier. Charles VIII en fit de même du Cardinal Briſſonet, & ſon ſucceſſeur Louys XII, du Cardinal d'Amboiſe qui le poſſedoit entierement. Le Roy François I avoit plus de fiance à l'Amiral d'Annebaut qu'à nul autre, & Henry II, au Conneſtable de Montmorency. Bref

nous

nous voyons dans la fuite de nos
Annales, que les deux freres de
Lorraine furent l'appuy de Fran-
çois II, le Cardinal Birague de
Charles I X, Monfieur d'Efper-
non de Henry I I I, Meffieurs de
Sully, Villeroy, & Sillery de Hen-
ry I V, & Monfeigneur le Cardi-
nal de Richelieu de noftre Roy
Louys le Jufte & le Triomphant.

Mais cette maxime eftant établie comme tres-certaine & veritable, que les Princes doivent avoir
quelque Confeiller fecret & affidé,
les Politiques fe trouvent bien en
peine à fe refoudre, s'ils fe doivent
contenter d'un feul, ou en avoir
plufieurs en égal & pareil degré de
confidence. Car fi l'on veut agir
par raifons & par exemples, Xenophon nous avertira d'un cofté,
que πολλοὶ βασιλέως ὀφθαλμοὶ ἠ
πολλὰ ὦτα, * *multi debent effe Regis*
oculi,

---

* Le Roy doit avoir plufieurs yeux, & plufieurs oreilles.

oculi, *& multa aures*, (l. 28. pæd.)
& le Triumvirat qui a fi heureufement gouverné la France fous
Henry I V, fera foy de fon dire,
quand bien nous n'aurions pas
l'exemple d'Augufte & des anciens. D'ailleurs auffi nous fçavons
qu'entre plufieurs [1] *non voto vivi-*
tur uno, & qu'en matiere d'affaires
il n'y a rien de plus prejudiciable,
ny de plus fafcheux que la diverfité d'opinions ; que la haine,
l'ambition, la vaine gloire ou paffions femblables font bien fouvent propofer & autorifer, ce qui
eft directement contraire à la raifon, & Tacite remarque fort à
propos, que [2] *cade Meffalinæ con-*
vulfa eft Principis domus, *orto apud*
libertos certamine : de forte que tout
ainfi que le grand nombre de Medecins

N

---

[1] On n'eft pas toujours d'un même fentiment. [2] Par la mort de Meffalina la maifon
du Prince fut toute bouleverfée, à caufe de la
conteftation qui furvint entre fes affranchis.

decins tuë fouvent les malades,
le trop grand nombre de Confeillers ruine auffi prefque toujours les affaires. C'eft pourquoy il me femble à propos pour
accorder ces deux opinions fi differentes, d'ufer de quelque di-
ftinction, & de dire, que fi le
Prince fe juge affez fort, auto-
rifé, judicieux, & capable pour
eftre au deffus de fes Confeillers & Confidens, il eft bon d'en
avoir trois ou quatre, parce que
aprés qu'ils auront opiné fur
quelque incident, il en pourra tirer
diverfes ouvertures ou moyens,
& choifir celuy qu'il eftimera
plus expedient d'executer : Mais
s'il eft d'un efprit foible, peu
entendu & incapable de choifir
le meilleur avis & le faire fuivre,
il eft fans doute plus expedient,
qu'il ne fe confie qu'à un feul
qu'il choifira pour le plus judicieux & mieux conditionné de
tous

tous les autres; parce que s'il ſe commet à pluſieurs, il peut arriver que chacun d'eux aura ſes intereſts particuliers differents, ſes intentions diverſes, ſes deſſeins tout à fait diſſemblables, ſur quoy le Prince n'eſtant pas en eſtat de les regler, & de leur ſervir de chef, les brigues & les partis ſe formeront dans ſon Conſeil, l'ambition s'y coulera, & la jalouſie qui la ſuit d'auſſi prés comme elle fait l'amour, la raiſon n'y fera rien, & la paſſion y fera tout, le ſecret en ſera banny, & cependant le pauvre Prince ſera inquieté d'une étrange façon, il ne ſçaura à quoy ſe reſoudre, ny de quel coſté ſe tourner, il ſervira de fable à ſon peuple, & de joüet à la paſſion de ſes Miniſtres. C'eſt ce qui a eſté tres - judicieuſement remarqué par Tacite à propos de l'Empereur Galba,

N 2 ¹ *quippe*

quippe hiantes in magna fortuna ami-corum cupiditates, ipsa Galbæ facili-tas intendebat ; cum apud infirmum & credulum minori metu , & majori præmio peccaretur. Autant en arri-va-t-il à l'Empereur Claudius, & de nostre temps à Charles VIII, en ce qui concernoit les affaires de Pise & Siene. Guicciardin fait la même remarque de Clement VII, & les Politiques Italiens ont pris sujet d'en former cet Axiome, [2] *Ogni volta che un Principe sarà in mano di più, quando non hab-bia consiglio e prudenza da se, sarà preda da tutti;* où au contraire s'il ne se fie qu'à un seul Ministre bien conditionné & entretenu suivant les

[1] Car la trop grande facilité de Galba au-gmentoit la convoitise de ses amis , qui baail-loient aprés une grande fortune ; veu mê-me que les fautes que l'on commettoit au-prés d'un esprit foible & credule comme le sien , estoient suivies de moins d'apprehension, & de plus de recompense. [2] Toutes les fois qu'un Prince se met entre les mains de plu-sieurs, s'il n'a du conseil & de la prudence de soy-même , il sera la proye de tous.

les devoirs reciproques de maiftre à ferviteur, toutes chofes en iront beaucoup mieux pour le Prince, fon credit luy fera confervé, fon autorité maintenuë, fa perfonne aimée, fes commandemens executez, & tout fon Eftat en recevra des fruits pareils à ceux que reçoit maintenant la France du fage gouvernement de Monfeigneur le Cardinal de Richelieu.

Cela donc eftant refolu qu'un Prince doit avoir quelque Miniftre ou Confeiller fecret, fidele, & confident, il faut maintenant voir de quelle façon il le peut choifir, & quelles qualitez il doit rechercher en fa perfonne; ou pour mieux dire, de quelle condition il le doit prendre, tant pour ce qui eft du corps & des accidens qui le fuivent, que de l'efprit. Aprés quoy nous ajoufterons auffi ce que doit contribuer le Prince

N 3 à la

à la fatisfaction de fon Miniftre,
& mettrons fin à ce prefent difcours.

Or pour ce qui eft du premier
point qui nous doit principalement monftrer de quelle qualité, office ou forte de perfonnes
on peut prendre un Miniftre, je
m'y trouve auffi empefché que
l'eftoit Vegece pour refoudre de
quel lieu & de quelle condition
de perfonnes on pouvoit choifir
un bon foldat. Car comme toutes les affaires ne font pas femblables, auffi toutes fortes de perfonnes ne font pas toujours bonnes à toutes fortes de negocia-
tions, non plus que tout bois
n'eftoit anciennement propre à
faire la ftatue de Mercure. Je diray neanmoins pour vuider ce
different, qu'il faut diftinguer
entre le Miniftre de Confeil, &
le Miniftre d'execution, car encore que l'on leur puiffe donner à
tous

tous deux cet avertissement rapporté par T. Live, (*lib. 24.*) [1] *magis nullius interest quàm tua*, T. *Ofa-
cili*, *non imponi cervicibus tuis onus*,
sub quo concidas; il faut neanmoins
pour les considerer tous deux en
particulier, y apporter aussi des
conditions differentes, & dire
pour ce qui est du dernier, qu'on
ne peut manquer de le tirer d'entre les plus nobles & illustres familles, afin qu'il exerce la charge
& le commandement qu'on luy
donnera, avec plus d'éclat, de
grandeur & d'autorité. Il faut
aussi prendre garde qu'il ait l'inclination & la suffisance propor-
tionnée à l'employ auquel il est
destiné,

[2] *Nec enim loricam poscit Achillis
Thersites.*

N 4   Et

1 Il t'importe plus qu'à aucun autre, Ti-
tus Ofacilius, de ne te charger pas d'un far-
deau dont tu puisses estre accablé. 2 Car
un Thersite ne demande pas la cuirasse d'Achil-
les.

Et comme un Appius ne duifoit
aucunement aux affaires populai-
res, Cleon n'entendoit pas la conduite d'une armée, Philopœmen
ne fçavoit nullement commander
fur mer, Pericles n'eftoit bon que
pour gouverner, Diomedes que
pour combattre, Ulyffe que pour
confeiller; il faut de même tirer
avantage de ces diverfes inclina-
tions, afin d'appeller à chaque
vacation celuy qui pour y avoir
du naturel, la peut exercer avec
honneur & fatisfaction; autrement ce feroit faire tort à ceux
qui font nez pour commander, de
les affujettir aux autres, qui ne
font faits que pour obeïr; à ceux
qui ne font pas hardis & belli-
queux, de leur donner la conduite d'une armée; & d'employer aux Ambaffades ceux qui
ne fçavent ny parler ny haranguer; eftant beaucoup plus à propos, comme nous avertit un Ancien,

cien, 1 *quemque cuique funĉtioni pro indole admovere* : mais pour ce qui eſt du choix d'un Miniſtre ſecret, je croy qu'on en peut diſcourir d'autre façon, & pour reſoudre le doute propoſé cy-deſſus ſi on le doit tirer d'entre les familles illuſtres de l'Eſtat, ou des perſonnes de mediocre condition; il me ſemble qu'on le peut faire de toutes les deux ſortes indifferemment, parce que 2 *dum nullum faſtidiretur genus in quo eniteret virtus, crevit imperium Romanum.* (T. Livius lib. 4.) Il y a toutefois ces difficultez du coſté des nobles & grands Seigneurs, qu'ils ſont enviez des autres, que bien ſouvent au lieu d'obeïr ils veulent commander, qu'ils conſeillent plutoſt le Prince ſuivant leur in-

N 5   tereſt

---

1 D'employer chacun à la fonĉtion dont ſon genie eſt plus capable.   2 L'empire Romain s'eſt toujours augmenté, pendant qu'on n'a point dedaigné ceux où l'on voyoit éclater la vertu, de quelle condition qu'ils fuſſent.

tereſt particulier, que le bien de
l'Eſtat, qu'ils veulent avancer leurs
creatures, & ruiner ceux qui ſont
contraires à leur cabale ; qu'ils
veulent bien ſouvent entreprendre ſur l'autorité de leur Maiſtre,
comme firent les Maires du Palais en France, qu'ils broüillent
le Royaume pour ſe rendre neceſſaires, qu'ils ne ſont jamais
contens de ce qu'on leur donne,
comme eſtant toujours au deſſous
de ce qu'ils penſent avoir merité,
ſoit pour leurs ſervices ou pour la
grandeur de leur maiſon ; bref il
me ſemble qu'en cette occaſion,
où l'on n'a que faire de la nobleſſe & dignité des perſonnes,
mais plutoſt de leur avis, conſeil,
& jugement, un Marquis, un
Duc, un Prince, ne peuvent pas
mieux rencontrer que les hommes
de mediocre condition, & peuvent
cauſer beaucoup plus de mal ; où
au contraire ceux-cy peuvent faire

re autant de bien, ne couſtent pas
tant, ſe rendent plus ſujets, plus
faciles & traitables, & ſont beaucoup moins à craindre. Et à la
verité Seneque avoit raiſon de dire, [1] *nulli præcluſa eſt virtus, omnes*
admittit, nec cenſum, nec ſexum eligit.
(in epiſtol.) A propos dequoy
Tacite remarque que les Alle-
mans prenoient même conſeil de
leurs femmes, [2] *nec conſilia earum*
aſpernabantur, nec reſponſa neglige-
bant. (de morib. Germ.) Ce que
Plutarque confirme auſſi des Lacedemoniens, & beaucoup d'Hiſtoriens, des Empereurs Auguſte
& Juſtinien; & Cecilius diſoit fort
bien dans les Tuſculanes de Ciceron, [3] *ſæpe etiam ſub ſordido pallio*
latet ſapientia. Ce ſont les occaſions,
l'employ, & les affaires qui la
N 6   décou-

---

[1] La vertu n'eſt inacceſſible à perſonne; elle
reçoit un chacun, & ne fait choix, ny de condition ny de ſexe. [2] Ils ne mépriſoient pas
leurs conſeils, & ne negligeoient pas leurs ré-
ponſes. [3] Et ſouvent auſſi il y a de la ſageſſe
cachée ſous un vilain manteau.

découvrent, & qui la font briller
& éclatter. Si l'on n'euſt employé
Matthieu Paumier Florentin, à
l'ambaſſade de laquelle il s'acqui-
ta ſi dignement, envers le Roy
Alphonſe, on auroit toujours creu
qu'il n'eſtoit bon qu'à battre le
mortier pour faire des medecines
& clyſteres; ſi le Cardinal d'Oſſat
ne ſe fuſt rencontré dans les affaires de la Cour de Rome, on ſe
fuſt toujours perſuadé qu'il n'eſtoit propre qu'à pedanter dans
les Colleges de Paris & à defendre Ramus contre Charpentier.
Et le ſemblable peut-on dire encore des Cardinaux Balue, Xi-
menes, & du Perron, * *quorum
nobilitas ſola fuit atque unica virtus.*
L'on dit que de toutes tailles bons
Levriers, & pourquoy non de
toutes ſortes de conditions de bons
eſprits : Cardan eſtoit Medecin,
Bodin

---

* Qui n'avoient point d'autre nobleſſe que
leur ſeule vertu.

Bodin Advocat, Charon Theologien, Montagne Gentilhomme,
la Nouë Soldat, & le Pere Paul
Moine : enfin

[1] *Sæpe etiam eſt olitor verba opportuna locutus.*

C'eſt pourquoy je n'exclus perſonne de cette charge, non les
étrangers, parce que Tibere [2] *ſub-
inde res ſuas quibuſdam ignotis man-
dabat*, (Tacit. 4. Annal.) & que
Charles V ſe ſervit de Granvelle,
François I de Trivulſe, Henry I I
de Strozzi, & Charles I X du
Cardinal de Birague. Non les jeu-
nes, parce que [3] *cani indices ætatis
non ſapientiæ*, & que Ciceron nous
avertit, [4] *ab eximia virtute progreſ-
ſum ætatis expectari non oportere*,
(Philip. 5.) témoin les exemples

N 7   de

[1] Un jardinier même a dit ſouvent de bonnes choſes. [2] Commettoit quelquefois l'adminiſtration de ſes affaires à des gens inconnus.
[3] Les cheveux blancs ſont les marques de
l'âge, & non de la ſageſſe. [4] Qu'il ne faut pas
attendre le progrés de l'âge d'une extraordinaire vertu.

de Jofephe, David, Epheftion, & Papyrius. Non les vieux, puis que Moyfe par le confeil de fon beau-pere Jethro, en choifit L x x pour gouverner avec luy le peuple d'Ifraël; & que Louys X I penfa eftre accablé par la guerre du bien public, pour n'avoir pas voulu croire aux vieux Confeillers, que fon Pere luy avoit laiffez. Non les ignorans, puis que, comme dit Se-neque, * *paucis ad bonam mentem opus eft literis*, & que fuivant l'opinion de Thucydides les efprits grof-fiers font plus propres à gouver-ner des peuples, que ceux qui font plus fubtils & épurez ; les grands efprits ayant cela de propre qu'ils font plus portez à innover qu'à negotier, *novandis quàm gerendis re-bus aptiora*, (Curt. l. 4.) à dépendre qu'à conferver, à pourfuivre leur pointe avec obftination qu'à ceder

ou

---

* Un bon efprit n'a pas befoin de beaucoup de lettres.

ou s'accommoder à la neceffité des affaires, & à traitter enfin avec des Anges ou intelligences, qu'avec des hommes, [1] *quod enim celeriter arripiunt, id quum tardè percipi vident difcruciantur.* (Cic. pro Rofcio.) Non les lettrez, veu que [2] *Imperator Alexander confiliis togæ & militia literatos adhibebat, & maxime eos qui hiftoriam norant,* (Lamprid. in eo.) joint que le Cardinal de Richelieu a efté tiré du fond de fa Bibliotheque pour gouverner la France. Non les Philofophes, à caufe de Xenophon, Seneque & Plutarque. Non les Medecins, puis que Oribafe par fes bons confeils & avis éleva Julien à l'Empire, que Apollophanes eftoit chef du Confeil d'Antiochus, qu'Eftienne fut envoyé par l'Empereur Juftinien

---

1 Car ils enragent de voir aller lentement ce qu'ils ont entrepris avec precipitation. 2 L'Empereur Alexandre employoit aux confeils de la robe & de la guerre des hommes lettrez, & particulierement ceux qui fçavoient l'hiftoire.

nien à Cofroës, que Jacques Cottier
& Olivier le Dain furent des principaux Confeillers de Louys XI,
le Pere de Monfieur le Chancelier de l'Hofpital de Charles de
Bourbon, & Monfieur Miron du
Roy Henry III. Non les Moines à caufe du Pere Paul de Venife, ny pour finir, telles autres fortes de perfonnes que ce foit, pourveu qu'elles ayent les conditions
que nous expliquerons cy-aprés;
1 *magna enim ingenia fape in occulto*
latent, comme difoit Plaute, (*in*
Capt.) & la Prudence & Sageffe
ne fait point choix de perfonnes,
elle habite auffi-bien dans le ton-
neau de Diogenes, aux écoles,
fous un froc, & fous des méchans
haillons, que parmy les delices &
fomptuofitez d'un Palais. Tant
s'en faut, *nefcio quomodo factum eft,*
ut

1 Car il arrive fouvent que les grands efprits
demeurent cachez. 2 Je ne fçay comment il eft
arrivé que la pauvreté foit toujours la fœur &
la compagne du bon efprit.

ut semper bona mentis soror sit pau-
pertas.

Or les conditions que le Miniſtre doit apporter & contribuer du ſien au ſervice de ſon Prince, ne ſe peuvent expliquer qu'aſſez difficilement. C'eſt ce qui a fait ſuer tant d'écrivains, ce qui a ouvert la carriere à tant de diſcours, & ce qui a produit tant de livres ſur l'idée, l'exemple & la parfaite deſcription du bon Conſeiller, du fidele Miniſtre, du prudent Politique, & de l'homme d'Eſtat, quoy que tous ces auteurs ayent plutoſt reſſemblé aux Archers de Diogenes, qui ſembloyent tirer au plus loing du but, qu'à Ciceron en ſon livre de l'Orateur, ou à Xenophon en ſon Prince. Pour moy qui n'ay pas entrepris comme eux de publier un gros livre de toutes les vertus, ſous ombre de trois ou quatre qui ſont neceſſaires à un Miniſtre, je diray
pre-

premierement : Que je le veux
estre tel en effect qu'il sera en pre-
dicament, connu du Prince, &
choisi de luy-même par la seule
consideration de ses merites, sans
autre recommendation que de sa
propre vertu , * *virtute enim am-
bire oportet non savitoribus.* Beaucoup qui viennent sur le theatre
du monde pour entrer aux honneurs & confidences, y paroissent
bien souvent revestus d'ornemens
empruntez, de faveurs, d'amis,
d'argent, de sollicitations & poursuites ambitieuses, ils s'y presen-
tent comme la Corneille d'Esope
couverts des plumes d'autruy, &
font parade de ce qui n'est pas à
eux, pour obtenir ce qu'ils ne meritent pas ; mais leur nudité paroist
toujours à travers de ces habits,
qu'ils n'ont que par emprunt, &
qui les expose aussitost à la honte
sur

* Car il faut aspirer aux charges par la vertu
& non pas par le moyen des fauteurs.

sur le propre Theatre de la gloire. Il faut doncques qu'un homme qui se veut maintenir en credit & en reputation jusques à la
fin, entre & penetre dans le credit & la bonne opinion de son
Maistre, orné comme l'estoit Hip-
pias Eleus des vestemens faits de
sa main, de sçavoir, de prudence,
de vertu, de merite, de courage,
bref de choses qui soient de son
propre creu : il faut que comme
le Soleil il produise du dedans la
lumiere qu'il éclaire au dehors,
de peur qu'il ne ressemble à la
Lune, qui n'ayant ce qui la fait
luire que par emprunt, monstre
bien-tost sa defaillance. Mais parce que ce n'est rien de parler des
merites en general, si l'on ne de-
termine en particulier, quelles
sont les vertus qui les composent;
je croy qu'on les peut toutes rapporter à trois principales, sçavoir
la Force, la Justice, & la Prudence.

ce. Sur lefquelles je me veux un peu étendre, pour les expli-quer d'une façon moins trivia-le & commune que celle des éco-les.

Par la force j'entens certaine trempe & difpofition d'efprit tou-jours égale en foy, ferme, ftable, heroïque, capable de tout voir, tout oüir, & tout faire, fans fe troubler, fe perdre, s'étonner; laquelle vertu fe peut facilement acquerir en faifant des continuel-les reflexions fur la condition de noftre nature foible, debile, & fujette à toutes fortes de maladies & d'infirmitez, fur la vanité des pompes & honneurs de ce mon-de; fur la foibleffe & imbecillité de noftre efprit; fur les change-mens & revolutions des affaires; fur les diverfes faces & metafche-matifmes du Ciel & de la terre; fur la diverfité des opinions, des fectes, des religions, fur le peu de durée

durée de toutes choſes; bref ſur
les grands avantages qu'il y a de
fuïr le vice & de ſuivre la vertu.
Auſſi eſt-ce à peu prés comme l'a
décrite Juvenal par ces beaux vers
de ſa x. Satyre.

> * *Fortem poſce animum, mortis ter-*
> *rore vacantem,*
>
> *Qui ſpatium vita extremum inter*
> *munera ponat*
>
> *Natura, qui ferre queat quoſcunque*
> *dolores,*
>
> *Neſciat iraſci, cupiat nihil, & po-*
> *tiores*
>
> *Herculis ærumnas ducat ſævoſque la-*
> *bores*
>
> *Et Venere, & plumis, & cœnis Sar-*
> *danapali.*

Monſieur le Chancelier de l'Hoſ-
pital

---

* Demandez un eſprit qui ſoit gueri des
craintes de la mort, qui mette au rang des
preſens de la Nature le dernier terme de la vie,
qui puiſſe endurer toutes ſortes de fatigues,
qui ne ſe faſche point, qui ne deſire rien, &
qui eſtime davantage les peines d'Hercule, &
ſes longs travaux, que les delices, les feſtins, &
les plumes *(licts)* de Sardanapale.

pital qui eſtoit pourveu de cette
force d'eſprit autant qu'aucun autre de ceux qui l'ont precedé ou
ſuivy, la décrivoit encore plus
brievement, quoy qu'en termes
beaucoup plus hardis, deſquels
même il avoit compoſé ſa deviſe,
* *ſi fractus illabatur orbis impavidum
ferient ruinæ.* Arriere doncques de
ce Miniſtere tant d'eſprits foibles
& effeminez, tant d'ames coüardes
& puſillanimes, qui s'épouvantent des premieres difficultez, qui
fuyent à la moindre reſiſtance, &
qui perdent l'eſprit lors qu'on leur
parle de quelque grande reſolution. Je veux un eſprit d'Epictete, de Socrates, d'Epicure, de
Seneque, de Brutus, de Caton, &
pour me ſervir d'exemples plus familiers, du Pere Paul, du Cardinal d'Oſſat, du Preſident Janin,
de V. Eminence, de Ferrier, & de
quel-

* Si le monde ſe bouleverſoit, ſes ruïnes me
fraperoient, ſans que j'en fuſſe épouventé.

quelques autres de pareille marque. Je veux qu'il ait les bonnes maximes de Philoſophie dans la teſte non pas ſur les levres; qu'il connoiſſe la nature en ſon tout & non pas en quelque partie; qu'il vive dans le monde comme s'il en eſtoit dehors, & au deſſous du Ciel comme s'il eſtoit au deſ-ſus, afin qu'il ne puiſſe pas ſeu-lement comme les Gaulois ap-prehender la ruine de cette gran-de machine, je veux qu'il s'ima-gine de bonne heure que la Cour eſt le lieu du monde où il ſe dit & fait plus de ſottiſes, où les amitiés ſont plus capricieuſes & intereſſées, les hommes plus maſquez, les maiſtres moins af-fectionnez à leurs ſerviteurs, & la fortune plus folle & aveugle; afin qu'il s'accouſtume auſſi de bon-ne heure à ne ſe point ſcanda-liſer de toutes ces extravagan-ces. Je veux enfin qu'il puiſſe re-

garder

garder ¹ *oculo irretorto* ceux qui feront plus riches, & moins di-
gnes de l'eftre que luy, qu'il fe
picque d'une pauvreté genereufe,
d'une obftination au bien, d'une
liberté Philofophique mais pourtant civile, qu'il ne foit au monde que par accident, à la Cour
que par emprunt, & au fervice
d'un Maiftre que pour s'en acquiter honneftement. Or quiconque aura cette premiere, univer-
felle, & generale difpofition, qui
conduit l'homme à une apathie,
franchife, & bonté naturelle, il
aura par même moyen la fidelité, ² *optimum enim quemque fideliffi-
mum puto*, difoit fort bien Pline
en parlant à l'Empereur Trajan;
& cette fidelité ne fera pas commune, bridée de certaines circonftances, & affujettie à diverfes confiderations de nos interefts
parti-

---

1 D'un œil droit & non de travers. 2 Car
j'eftime que le plus homme de bien eft auffi le
plus fidelle.

particuliers, des perfonnes, de la
fin des affaires, & de mille autres, mais une fidelité telle que
doit avoir un galand homme, pour
fervir celuy à qui il la promettra
envers tous & contre tous, fans
exception de lieu, de temps, ny de
perfonnes. C'eft ainfi que C. Blofius
fervoit fon amy Tiberius Gracchus,
(*Valer. Max. lib.* 4. *cap.* 7.) & le Pere
du Chancelier de l'Hofpital fon
maiftre Charles de Bourbon, duquel fe trouvant Medecin & Confident lors de fa difgrace & perfecution, il ne l'abandonna jamais, le
fuivant en habit déguifé, partici-
pant à toutes fes infortunes, le
fecondant en tous fes deffeins
contre le Roy, contre l'Empereur
& contre Rome, les Cardinaux
& le Pape même. Action que fon
fils ce grand Chancelier de France a tellement eftimée, qu'il l'a
bien voulu placer comme la plus
remarquable de fa famille, en

O tefte

tefte de fon Teftament. Il faut
doncques qu'un affectionné Miniftre foit premierement & principalement garny de fidelité, &
que lors qu'il fera befoin de la témoigner, il dife librement,

    * *Huic ego nec rerum metas nec tem-*
      pora pono,
  Obfequium fine fine dedi.

Il faut auffi qu'il foit dégagé d'ambition, d'avarice, de convoitife &
de tout autre defir, que de bien
fervir fon Maiftre dans l'eftat d'u-
ne fortune mediocre, honnefte, &
capable de le delivrer luy & fes
plus proches parens, d'envie & de
neceffité. Car s'il commence une
fois à aller au plus à fe voulóir a-
vancer dans les charges & digni-
tez, il ne fe pourra pas faire qu'il ne
prefere fon bien propre à celuy de
fon Maiftre, & qu'il ne fe ferve
premier que luy; & cela eftant,
                      c'eft

---

* Je ne mets point iey de bornes, & n'y li-
mite point de temps, j'ay témoigné une obeif-
fance fans fin.

c'eſt ouvrir la porte à l'infidelité, perfidie & trahiſon, il n'y aura plus de ſecret qu'il ne découvre , plus de conſeil qu'il n'évente , plus de reſolution qu'il ne declare , plus d'ennemy qu'il ne courtiſe, bref

1 *Publica privatis poſtponet commoda rebus :*

S'il deſire la grandeur de ſon Maiſtre cè ne ſera que pour avancer la ſienne, à laquelle s'il ne peut parvenir en le ſervant avec fidelité, il ne ſera point de doute de le deſervir , de le vendre & livrer à ſes ennemis pour ſatisfaire à ſon ambition, ou à ſon avarice demeſurée,

2 *Namque ubi avaritia eſt habitant ſerme omnia ibidem*

Flagitia , impietas , perjuria , furta , rapina ,

O 2 Frau-

---

1 Il preferera ſon profit particulier au bien public. 2 Car là où eſt l'avarice , tous les autres vices y habitent auſſi, l'impieté, le parjure , le vol , la rapine , les fraudes & tromperies, les embuſches & les trahiſons.

Fraudes atque doli, infidiæque &
proditiones. (Paling. in Sagit.)

C'eft ce que pratiqua autrefois Sti-
lico, quand pour s'acquerir l'amitié
d'Alaric Roy des Gots, & s'appuyer de fon fecours pour fe faifir
de l'Empire d'Orient, il fit une
paix honteufe avec luy & obligea
l'Empereur de luy payer tribut
fous le nom de penfion; & Pierre
des Vignes Chancelier de Frederic I I, fut à bon droit privé de la
veuë, pour avoir noüé une intel-
ligence trop fecrete avec le Pape
Alexandre I I I, ennemy capital de
fon Maiftre. Ce fut encore pour
la même caufe que le Cardinal
Balue demeura X I I ans refferré
dans la Tour des Loches fous le
Regne de Louys XI, & que le Cardinal du Prat décheut de fa faveur,
& fut long-temps en prifon pendant celuy de François I. Cette
même force & difpofition d'efprit
defend auffi à noftre Miniftre
d'eftre

d'eſtre trop credule ou ſuperſtitieux, & bigot : Car bien que [1] *cre-*
dulitas error ſit magis quam culpa, &
quidem in optimi cujuſque mentem ſa-
cillimè obrepat, (Cic. l. 1. ep. 23.)
c'eſt toutefois le propre d'un homme judicieux & bien ſenſé, de ne
rien croire [2] *niſi quod in oculos in-*
curret ; (Senec. de Ira.) au moins
Palingenius eſt d'avis qu'il faut
ainſi faire, crainte d'eſtre trompé,
parce que

   [3] *Qui facilis credit facilis quoque ſal-*
     litur idem.

Et comme nous avons dit cy-deſſus, qu'il y avoit quatre ou cinq
moyens d'attraper ou tromper les
trop credules & ſuperſtitieux, auſſi
faut-il que celuy qui ſe meſle de
les pratiquer, ne ſoit pas ſi ſot que
de s'y laiſſer prendre par d'autres
       O 3   qui

---

[1] La credulité ſoit plutoſt un erreur qu'une
faute, & qu'elle s'empare facilement des meilleurs naturels. [2] Que ce qu'il void de ſes yeux.
[3] Qui croit facilement ſe laiſſe auſſi facilement
trompeꝛ.

qui s'en voudroient servir contre luy-même. Joint qu'à un Ministre qui aura l'esprit assez bas pour le ravaler & soumettre à la creance de tant de fables, impostures, faux miracles, tromperies, & charlataneries qui se font ordinairement, ne pourra pas donner grande esperance de bien reüssir en beaucoup d'affaires où il faut gaillardement enjamber par dessus toutes ces folies. Les souplesses d'Estat, les artifices des Courtisans, les menées & pratiques de quelques avisez Politiques, trompent aisément un homme plongé dans des devotions excessives & superstitieuses. La prediction d'un devin, le croassement d'un corbeau, la rencontre d'un maure, un faux bruit, quelque vau de ville, tromperie, ou superstition, luy feront perdre l'escrime, l'étonneront, & le reduiront à prendre quelque party honteux & deshonneste; A quoy

s'il

s'il est tant soit peu porté de sa nature, la superstition sœur germai-
ne de cette grande credulité, l'y
plongera tout à fait, & luy ostera
si peu de jugement qui luy pou-
voit rester. [1] *Occentus soricis auditus*
Fabio Maximo dictaturam, C. Flaminio
magisterium equitum deponendi causam
præbuit. (Val. Max. l. 1. cap. 10.)
Elle luy ravira le repos du corps,
& la fermeté, constance, & resolution de l'esprit; [2] *superstitione enim*
qui est imbutus quiescere nunquam po-
test : (Cicero de fin. l. 1.) elle l'as-
sujettira à mille terreurs paniques,
& luy fera craindre & redouter,

[3] *Nihilo metuenda magis, quàm*
   Quæ pueri in tenebris pavitant, fin-
guntque futura.

Q 4   Elle

---

1 Le chant d'une souris fut cause que Fabius
Maximus se démit de la Dictature, & Caius
Flaminius de la charge de Colonel de la Cava-
lerie. 2 Car quiconque est imbu de superfti-
tion, il luy est impossible de reposer. 3 Des
choses qui ne sont non plus à craindre que celles dont les enfans ont peur dans les tenebres,
& qu'ils s'imaginent devoir arriver.

Elle luy fera commettre plus de pechez qu'il n'en est defendu aux dix commandemens, & se frottant les yeux avec de l'eau benite, ou touchant la chape d'un Prestre, il pensera effacer toutes les mauvaises actions de sa vie : [1] *sic errore quodam mentis famulatur impietati;* (Paschas. de virtut.) elle luy fera trouver des scrupules où il n'y en a point, & auparavant que de conclure une affaire, il en voudra parler cent fois à un confesseur. Il luy revelera le conseil de son Prince, le soumettra à sa censure, l'examinera suivant toutes les regles des Casuistes, & à la fin [2] *ea quæ Dei sunt audacter excludet, ut sua tantùm admittat;* bref elle le rendra sot, impertinent, stupide, méchant, incapable de rien voir, de rien faire, de rien juger ou examiner

---

1 Et ainsi par l'erreur de l'entendement on se rend esclave de l'impieté. 2 Il rejettera hardiment les choses qui sont de Dieu pour admettre les sienes propres.

ner à propos, & capable ſeulement
de cauſer la perte & la ruine totale de quiconque ſe ſervira de luy,
& la ſienne propre, puis que * *ſu-*
perſtitione quiſquis illaqueatus eſt, non
poteſt effugere proximas miſerias, ipſa
ſibi ſuperſtitio ſupplicium eſt, dum quæ
non ſunt mala hæc fingit eſſe talia, &
quæ ſunt mediocria mala, hæc maxima
facit ac lethalia. Il ne faut point
tant de myſteres & de ceremonies pour eſtre homme de bien,
Lycurgue fut eſtimé tel quoy
qu'il euſt retranché beaucoup de
choſes ſuperflues & inutiles à la
Religion. Le vieux Caton paſſoit
pour le plus vertueux de Rome,
encore qu'il ſe fuſt mocqué de
celuy qui prenoit pour mauvais
augure que les ſouris euſſent rongé ſes chauſſes, & qu'il luy euſt
dit,

* Quiconque eſt enlaſſé dans la ſuperſtion,
il ne peut pas éviter les miſeres qui luy pan-
chent ſur la teſte ; ſa ſuperſtition luy eſt un ſupplice, lors qu'il s'imagine mauvaiſes des choſes
qui ne le ſont pas ; & qu'il fait grands & mortels les maux qui ne ſont que mediocres.

dit, * *non eſſe illud monſtrum quod ar-*
roſæ ſint à ſoricibus caliga, ſed verè mon-
ſtrum habendum fuiſſe ſi ſorices à cali-
gis roderentur. (D. Auguſt. de Doct.
Chriſtian.) Luculle ne fut eſtimé
impie pour avoir combatu Triga-
nes un jour que le Calendrier
Romain marquoit pour malheu-
reux ; ny Claudius pour avoir
mépriſé les auſpices des poulets;
non plus que Lucius Æmilius
Paulus pour avoir le premier commencé d'abatre & ruiner les Temples d'Iſis & de Serapis. D'où l'on
peut conjecturer que la ſuperſtition eſt le vray caractere d'une
ame foible, rampante, effeminée,
populaire, & de laquelle tout
eſprit fort, tout homme reſolu,
tout bon Miniſtre doit dire, comme faiſoit Varron de quelque autre choſe qui ne valoit pas mieux,

Apage

* Que ce n'eſtoit pas un prodige que les
ſouris euſſent rongé des chauſſes, mais que c'en
ſeroit veritablement un ſi des chauſſes ron-
geoient des ſouris.

* *Apage in directam à domo nostra istam insanitatem.* (in Eumenidib.)

La seconde vertu qui doit servir de base & de fondement aux merites & à la bonne renommée de nostre Conseiller, c'est la Justice ; de laquelle si nous voulions expliquer toutes les parties, il la faudroit comparer à une grosse tige qui produit trois branches, dont l'une monte à Dieu, l'autre s'étend vers soy-même, & la tierce vers le prochain ; & chacune desdites branches produit encore divers petits rameaux que je n'expliqueray point en particulier, m'estant assez de prendre les choses en gros, & non en détail. C'est pourquoy je mettray le principal fondement de cette justice à estre homme de bien, à vivre suivant les loix de Dieu & de la Nature, noblement, philosophiquement,

avec

* Chassons de nostre maison cette folie.

avec une integrité sans fard, une vertu sans art, une religion sans crainte, sans scrupule, & une ferme resolution de bien faire, sans autre respect & consideration, que de ce qu'il faut ainsi vivre, pour vivre en homme de bien & d'honneur,

1 *Oderunt peccare boni virtutis amore.*

Mais dautant que cette justice naturelle, universelle, noble & philosophique, est quelquefois hors d'usage & incommode dans la pratique du monde, où 2 *veri juris germanæque justitia solidam & expressam effigiem nullam tenemus, umbris & imaginibus utimur.* Il faudra bien souvent se servir de l'artificielle, particuliere, politique, faite & rapportée au besoin & à la ne-

---

1 Les gens de bien haïssent le vice pour l'amour de la vertu. 2 Nous n'avons aucune solide & expresse effigie du vray droit, & de la veritable justice, nous nous servons seulement de leurs ombres.

neceſſité des Polices & Eſtats, puis qu'elle eſt aſſez lâche & aſſez molle pour s'accommoder comme la regle Lesbienne à la foibleſſe humaine & populaire, & aux divers temps, perſonnes, affaires & accidens: Toutes leſquelles conſiderations nous obligent bien ſouvent à pluſieurs choſes que la juſtice naturelle rejetteroit & condamneroit abſolument. Mais quoy, il faut vivre comme les autres, & parmy tant de corruptions, celuy qui en a le moins doit paſſer pour le meilleur, * *beatus qui minimis urgetur*; entre tant de vices on en peut bien quelquefois legitimer un; & parmy tant de bonnes actions en déguiſer quelqu'une. C'eſt doncques une maxime, que comme entre les lances celles-là ſont eſtimées les meilleures, qui ſont les plus ſouples, auſſi entre les Miniſtres, on

P   doit

---

* Bienheureux eſt celuy qui eſt travaillé des plus petites.

doit prifer davantage ceux qui
fçavent le mieux plier, & s'accommoder aux diverfes occurren-
ces, pour venir à bout de leurs
deffeins, imitant ainfi le Dieu
Vertumnus qui difoit dans Properce :

* *Opportuna mea eft cunctis natura*
figuris,

In quamcunque voles verte decoru
ero.

Qu'il fe fouvienne feulement d'obferver toujours ces deux preceptes, le premier de conjoindre &
affembler autant qu'il luy fera poffible l'utilité & l'honnefteté, l'en-
vifageant toujours & la coftoyant
le plus prés qu'il luy fera poffible :
l'autre de ne fervir jamais d'inftru-
ment à la paffion de fon Maiftre,
& de ne rien propofer ny conclure, qu'il ne juge luy-même eftre
neceffaire pour la confervation
de

* Ma nature eft propre à prendre toutes fortes de figures, donnez moy celle que vous vou-
drez, je feray beau fous chacune.

de l'Eftat, le bien du peuple, ou
le falut du Prince, demeurant à
couvert pour ce qui fera du refte
fous ce bon avis de Plutarque, *Que*
bien fouvent pour faire la juftice il ne
faut pas tout ce qui eft jufte. (Livre de
la curiofité.)

Enfin la troifiéme & derniere
partie qui doit compofer & per-
fectionner noftre Miniftre, eft la
Prudence, Vertu fi neceffaire à un
homme de cette qualité, qu'il ne
peut en aucune façon s'en paffer,
veu que comme nous enfeigne
Ariftote, [1] *prudentia & fcientia civilis*
iidem funt animi habitus, (l. 6. Eth.
c. 8.) & qu'au refte elle eft fi
puiffante qu'elle feule domine &
gouverne les trois temps de noftre
vie, [2] *dum præfentia ordinat, futura*
prævidet, præterita recordatur : fi uni-
verfelle qu'elle comprend fous foy

P 2   tou-

---

1 La prudence & la fcience civile font les
mêmes habitudes d'un efprit.   2 Lors qu'elle
ordonne pour le prefent, prevoit l'avenir & fe
fouvient du paffé.

toutes les autres vertus, circonftances, & obfervations que nous pouvons faire icy de la fcience, mo-
deftie, experience, conduitte, retenuë, difcretion, & particulierement de ce que les Italiens appellent *Segretezza* par un terme qui
leur eft propre. Juvenal (*Sat.* X.)
ayant fort bien dit que

     * *Nullum numen abeft fi fit pru-*
       dentia :

Neanmoins comme plufieurs chofes font requifes pour former l'or,
qui eft le Roy des Metaux, la
preparation de la matiere, la difpofition de la Terre, la chaleur
du Soleil, la longueur du temps;
auffi pour former cette Prudence,
la Reyne des vertus politiques,
l'or des Royaumes, le threfor des
Eftats, il faut de grandes aides,
& des avantages tres-heureux; la
force de l'efprit, la folidité du jugement,

---

  * La fortune ne manque jamais là où il y a
de la prudence.

gement, la pointe de la raiſon, la
docilité pour apprendre, l'inſtruction receuë des grands perſonna-
ges, l'eſtude des ſciences, la connoiſſance de l'hiſtoire, l'heureuſe
memoire des choſes paſſées, ſont
les diſpoſitions pour y parvenir:
la ſaine conſultation, la connoiſſance & conſideration des circonſtances, la prevoyance des effets,
la precaution contre les empeſche-
mens, la prompte expedition, ſont
les belles actions qu'elle produit;
& enfin le repos des peuples, le
ſalut des Eſtats, le bien commun
des hommes, ſont les fruits divins
que l'on en recueille. Mais encore n'eſt-ce rien dire, ſi nous n'a-
jouſtons quels ſont les ſignes, par
leſquels on peut juger du progrez
que quelqu'un aura fait en l'ac-
quiſition de ce threſor, & s'il eſt
veritablement aſſez ſage & prudent pour ſeconder un Prince en
l'adminiſtration de ſon Eſtat. Or

P 3   en-

entre plufieurs que l'on en peut
donner, je propoferay ceux-cy
comme les plus ordinaires & communs, fçavoir tenir fecret ce qu'il
n'eft à propos de dire, & parler
par neceffité plutoft que par ambition, ne croire trop promptement ny à toutes fortes de perfonnes, eftre plus prompt à donner ce qui eft à foy qu'à deman-
der ce qui appartient à autruy,
examiner bien les chofes auparavant que d'en juger, ne médire
de perfonne, excufer les fautes, &
defendre la renommée d'un chacun, ne méprifer perfonne, non
pas même les moindres : Honorer les hommes felon leurs merites & qualitez, donner plus de
loüange à fes compagnons qu'à
foy-même, fervir & entretenir fes
amis, demeurer ferme & conftant
parmy leurs adverfitez, ne changer
de deffein & de refolution fans
quelque grand fujet, deliberer à
loifir

loiſir & executer gayement & avec
diligence, ne s'émerveiller de ce
qui eſt extraordinaire, ny ſe moc-
quer de perſonne, mais ſur tout
épargner les pauvres & ſes amys,
n'envier la loüange à ceux qui la
meritent, non pas même à ſes ennemis, ne parler ſans ſçavoir, ne
donner conſeil qu'à ceux qui le
demandent, ne faire l'entendu en
ce qui n'eſt pas de ſa profeſſion, &
ne parler de ce qui en eſt qu'avec
modeſtie & ſans jactance & affe-
ctation, comme faiſoit Piſo, duquel
Vell. Paterc. a dit, * *quæ agenda ſunt
agit ſine ulla oſtentatione agendi;* avoir
plus d'effets que de paroles, plus de
patience que de violence, deſirer
plutoſt le bien que le mal à ſes
ennemis, plutoſt perdre que plai-
der, n'eſtre cauſe d'aucun trouble
ny remuement, finalement aymer
Dieu, ſervir ſon prochain, & ne

ſou-

---

* Il fait ce qu'il faut faire ſans aucune oſten-
tation de ſes actions.

fouhaitter la mort ny la craindre.
Or ce qui m'a fait recueillir tous
ces fignes fi particulierement,
c'eft parce que le choix d'un Miniftre eft de fi grande importance, que les Princes ont grand intereft de ne s'y pas tromper, &
encore qu'il ne faille pas efperer
de les pouvoir tous rencontrer en
un homme, on ne peut toutefois
manquer de preferer celuy qui en
aura le plus. Et quand le Prince
l'aura trouvé, ce fera à faire à luy
de le bien maintenir & choier
comme un precieux threfor, parce
que fi fa naiffance ne luy a donné
des couronnes, les couronnes toutefois ne fe peuvent paffer de luy :
fi la fortune ne l'a fait Roy, 1.
fuffifance le rend l'oracle des
Roys, & tout ce qu'il dira des
loix, fes fimples paroles pafferont
pour raifons, fes actions pour
exemples, & toute fa vie pour miracle.

Aprés

Aprés avoir expliqué ce qui eſt du devoir du Miniſtre envers le Prince, il nous reſte à conſiderer, comme en paſſant neanmoins, ce que le Prince doit contribuer de ſon coſté, pour bien traitter avec ſon Miniſtre, & parce qu'en matiere de regles & preceptes, j'ay toujours eſtimé avec Horace, que les plus courts ſont les meilleurs,

* *Quicquid præcipies eſto brevis;*

Je reduiray tous ceux qui me ſemblent les plus neceſſaires en cette occaſion à trois principaux, dont le premier ſera de le traitter en amy, non pas en ſerviteur, de parler & conferer avec luy à cœur ouvert, de ne luy rien celer de tout ce qu'il ſçaura, de luy ouvrir une entiere confidence, & de traitter avec luy comme il feroit avec ſoy-même, ſans avoir honte de luy declarer ſa foibleſſe, ignoran-

P ſ ce,

---

* Sois ſuccinct dans tous les preceptes que tu donneras.

ce, imbecillité ou tel autre defaut
qu'il pourra avoir ; Ny auffi fon
dépit, fes fafcheries, coleres, mé-
contentemens, & femblables paffions, qui le pourront tourmen-
ter. Et fi je n'ay affez d'autorité
pour établir cette maxime, qu'on
defere au moins quelque chofe à
l'avis de Seneque, [1] *Cogita*, dit-il,
*an tibi in amicitiam aliquis recipiendus
fit, quum placuerit id fieri, toto illum
pectore admitte, tam audacter cum illo
loquere quàm tecum.* C'eft ce qu'il
avoit encore dit auparavant en
beaucoup moins de paroles, [2] *tu
omnia cum amico delibera, fed de illo
prius.* Que fi l'autorité d'un fi
grand homme a befoin d'eftre ap-
puyée & fouftenue par quelques
raifons, T. Live nous en fournira.

_____

1 Penfe s'il te faut recevoir quelcun en
ton amitié, & quand tu l'auras voulu faire,
admets l'y de tout ton cœur, & luy parle
auffi hardiment qu'à toi-même. 2 Delibe-
re de toutes chofes avec ton amy ; mais de-
libere premierement d'en avoir un tel qu'il
faut.

ira une tres-puiſſante & valable,
vult ſibi quiſque credi, & habita fi-
es ipſam fidem obligat : les experimentez Chymiſtes tiennent que
pour faire de l'or on ne ſe doit ſervir que de l'or même,

2 *Nec aliunde quæras auri primor-*
dia, in auro

Semina ſunt auri, quamvis abſtruſa
recedant

Longius, & multo nobis quærenda
labore. (Augurel.)

Les Lapidaires épreuvent tous les
ours, qu'il ſe faut ſervir du dia-
mant pour en tailler & preparer
un autre ; les Oiſeleurs que pour
faire bonne chaſſe il ſe faut ſervir
de ces oiſeaux que Varro appel-
e, 3 *illices & traditores generis ſui :*

Les

---

1 Un chacun veut qu'on ſe fie à luy, & la
confiance que nous avons en quelcun l'oblige
à ſe confier en nous & à nous eſtre fidelle.
2 Ne cherche point ailleurs l'origine de l'or ;
l'or contient les ſemences de l'or, quoi qu'elles nous ſoient fort cachées, ce qui fait que
nous ſommes obligés à travailler beaucoup
pour les chercher. 3 Traitres de ceux de leur
eſpece, & ſervant à les faire prendre.

Les Philofophes moraux , que l'a-
mour ne fe peut acquerir que
par une amitié & affection reci-
proque.

> *Veux-tu mon fils que t'apprenne en*
> *peu d'heure*
> *Le beau fecret du breuvage amou-*
> *reux ;*
> *Aime les tiens, tu feras aimé d'eux;*
> *Il n'y a point de recepte meilleure.*

Comment doncques un Prince
pourra-t-il trouver de la confidence en quelque amy , s'il ne luy en
communique auparavant de fon
cofté, s'il ne luy monftre ce qui
fera de fon devoir en s'acquittant
du fien propre : *Si vis me flere*,
difoit Horace , 2 *dolendum eft priùs*
tibi. Cur te habebo ut Confulem , fi me
non habeas ut Senatorem, repliquoit
un autre ? Il faut tout ou rien , &
joüir d'une entiere confidence, ou
n'en

---

1 Si tu veux que je pleure , il faut que tu
t'affliges auparavant.   2 Pourquoy te traite-
ray je comme un Conful , fi tu ne me traites
pas comme un Senateur.

n'en avoir point ; declarer aujourd'huy une affaire , en taire
demain une autre , en entamer
quelqu'une , & ne la pas achever,
garder tonjours quelque [1] *reten-*
tum , & ne pas tout dire , ſont des
marques de défiance, d'inquietude
& d'irreſolution , qui font perdre
au Miniſtre la viſée pour ce qui eſt
du conſeil , & l'affection pour ce
qui concerne le ſervice.

La ſeconde choſe que le Prince
doit obſerver envers ſon Miniſtre,
eſt qu'il le tienne comme amy , &
non pas comme flateur , qu'il luy
permette de parler & d'opiner librement , d'expliquer & fortifier
ſon opinion , ſans le contraindre
ou luy ſçavoir mauvais gré de ne
point condeſcendre à la ſienne ,
[2] *meliora enim vulnera diligentis, quàm*
oſcula blandientis , & puis que comme diſoit un brave Conſeiller à
ſon

<hr>

1 Choſe de retenu.   2. Car les bleſſures
d'un amy ſont meilleures que les baiſers d'un
flateur.

fon Maiftre , ¹ *nou potes me fimul a-*
mico & adulatore uti. Si un Prince
veut eftre flatté , il a affez de Gen-
tilshommes & Courtifans qui ne
cherchent que l'occafion de le faire, fans y employer celuy qui doit
eftre fa bouche de verité. Et celuy-
là ne peut jamais bien reüffir , ² *cu-*
jus aures ita formatæ funt, ut afpera quæ
utilia , & nihil nifi jucundum non læfu-
rum accipiant. (Tacit. 3. hift.)

Finalement comme ceux qui
demeurent quelque temps au Soleil font échauffez par fa chaleur ;
auffi faut-il que celuy qu'un Prince ou Souverain approche de fa
perfonne , reffente les effets de fon
pouvoir , & de l'amitié qu'il luy
porte par la recompenfe deüe à fes
fervices ; & quoy que la plus honorable & glorieufe qu'il luy puiffe
don-

---

¹ Tu ne peux pas te fervir de moy comme
amy & flateur tout enfemble. ² Dont les
oreilles font formées, à trouver rudes les chofes
qui font utiles , & à n'écouter rien que de plai-
fant , & qui ne peut bleffer.

donner, soit de les agréer, & de s'en
declarer satisfait, 1 *beneficium siqui-*
dem est reddere bonitatis verba, (Senec.)
& suivant même l'opinion com-
mune,

 2 *Principibus placuisse viris non ulti-*
  ma laus est.

Il faut neanmoins passer outre, &
pratiquer à son occasion cette belle vertu de la liberalité, en luy sub-
ministrant les choses necessaires
pour vivre honnestement dans un
estat mediocre, & autant éloigné
de l'ambition que de la necessité.
Philippes II disoit à Ruy Gomes
son Confident serviteur, *faites mes*
affaires & je seray les vostres : Il faut
que tous les Princes en disent autant à leurs Ministres, s'ils en veulent estre servis avec affection & fidelité, 3 *liberalitas enim commune*
        quod-

---

1 Veu que c'est un bienfait, ou une recompense, que de parler en bons termes des services
qu'on a reçus. 2 On ne remporte pas peu de
loüange d'avoir plu aux Princes. 3 Car la liberalité est un certain lien qui lie le bienfai-
teur & celuy qui reçoit le bienfait.

quoddam vinculum eſt, quo beneficus & beneficio devinctus aſtringuntur. Et j'eſtime qu'il ſeroit encore meilleur de les mettre promptement en repos de ce coſté-là, afin que n'ayant plus à la teſte cet horrible monſtre de pauvreté, ils apportent un eſprit entierement libre & dégagé de toutes paſſions au maniement des affaires, qui ſeroit le premier fruit de cette liberalité, comme le ſecond d'acquerir beaucoup d'honneur & de recommandation à celuy qui l'auroit pratiquée, dautant que, ſelon la remarque d'Ariſtote, entre tous les Princes vertueux, * *ii fere diliguntur maximè, qui fama & laude valent liberalitatis;* & le dernier de rendre les perſonnes entierement liées au ſervice de ceux qui leur font du bien, veu que, ſuivant le dire d'un Ancien, qui a le premier inventé les bienfaits, il a voulu

---

* On aime particulierement ceux qui ont le renom & la loüange d'eſtre les plus liberaux.

voulu forger des feps & des menot-
tes, pour enchaifner les hommes,
les captiver & traifner aprés foy.

Voila, MONSEIGNEUR, tout
ce que j'avois à dire en cette matiere, de laquelle je n'euffe jamais
voulu entreprendre de traitter, fi
V. Eminence ne me l'euft commandé, & que fa grande bonté &
facilité ne m'euffent fait efperer
une excufe favorable, de toutes
les fautes que je puis y avoir com-
mifes. Je fçay qu'elle defiroit d'autres forces que les miennes, une
plume plus diferte & eloquente,
une erudition plus grande, un jugement plus fort, un efprit plus
univerfel: Mais nous aurions peu
de ftatues de Jupiter s'il n'euft efté
permis qu'à Phidias de les faire, &
Rome feroit maintenant fans pein-
tures & tableaux, fi d'autres n'y
avoient travaillé que Michel Ange, & Raphael d'Urbin: les bons
ouvriers ne fe rencontrent pas fi
fou-

fouvent, que l'on fe puiffe paffer
des mauvais, ny les grands Politiques, que l'on ne fe divertiffe quelquefois dans les écrits des moindres, fous le titre defquels s'il plaiſt
à V. Eminence de recouvrir le
prefent difcours, elle m'obligera
de fonger à quelque autre de plus
longue haleine ; & j'ofe bien me
promettre fous la continuation de
voftre faveur & bienveillance, que

> * *Illa dies olim veniet (modo ſtamina*
> *Longa trahat Lachefis) quum te &*
> *tua facta canemus*
> *Vberius, nomenque tuum Gangetica*
> *tellus ,*
> *Et Tarteffiaci refonabunt littora ponti*
> *Ibit Hyperboreas paffim tua fama per*
> *urbes ,*

E

* Le temps viendra un jour (pourveu que la
Parque faffe noftre fufée longue) que nous pu-
blierons plus amplement les belles actions de
voftre perfonne ; & que voftre nom retentir
dans la terre du Gange, & fur les coftes de la
mer d'Efpagne. Voftre nom ira jufques aux villes du Nord, & je vous feray connoiftre dans
les extremités de la Libye. Alors pouffé d'une
plus grande veine poëtique, je feray voir

Et per me extremis Libyæ noſceris in
    oris,

Tunc ego majori Muſarum percitus
    œſtro,

Omnibus oſtendam, quanto tenearis a-
    more

Iuſtitiæ, ſit quanta tibi pietaſque fideſ-
    que,

Quantum conſilio valeas & fortibus
    auſis,

Quàm ſis munificus, quàm clemens,
    denique per me

Ingenium, moreſque tuos mirabitur or-
    bis.

At nunc iſta tibi quæ tradimus accipe
    læto

Interea vultu, & præſentibus annue
    cœptis.

T A-

tout le monde combien vous eſtes amateur de
la juſtice, combien grande eſt la foy & la pieté
dont vous eſtes orné; combien vous eſtes puiſſant en conſeil, & en courageuſes entrepriſes;
combien vous eſtes liberal, & clement, & enfin
je feray que toute la terre admirera voſtre
eſprit & vos mœurs. Mais cependant recevés ce
que je vous offre maintenant, & daignés prendre en bonne part & favoriſer la preſente entrepriſe.

TABLE
des Chapitres.

F I N

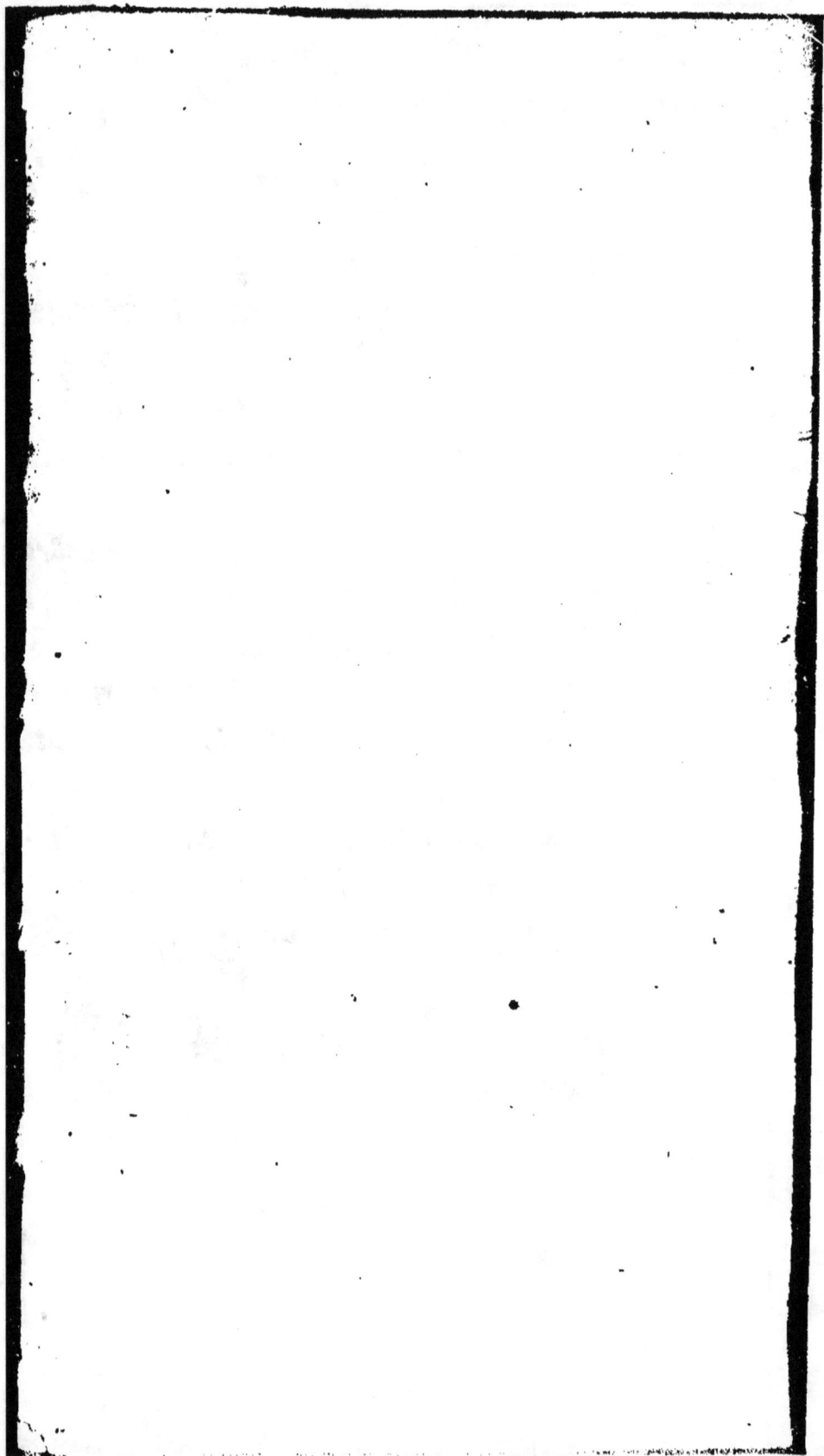

www.ingramcontent.com/pod-product-compliance
Lightning Source LLC
Chambersburg PA
CBHW071635270326
41928CB00010B/1936